Tijen Onaran

Be Your Own F*cking Hero

GOLDMANN

TIJEN ONARAN
mit Dagmar Zimmermann

BE YOUR OWN F*CKING HERO

Trau dich – weil du es kannst.

GOLDMANN

Alle Ratschläge in diesem Buch wurden von den Autorinnen und vom Verlag sorgfältig erwogen und geprüft. Eine Garantie kann dennoch nicht übernommen werden. Eine Haftung der Autorinnen beziehungsweise des Verlags und seiner Beauftragten für Personen-, Sach- und Vermögensschäden ist daher ausgeschlossen.

MIX
Papier | Fördert gute Waldnutzung
FSC® C014496

Penguin Random House Verlagsgruppe FSC® N001967

1. Auflage
Originalausgabe Oktober 2023

Umschlag: Uno Werbeagentur, München
Covergestaltung: Heyde Design
Covermotiv: Daniel Sommer
Redaktion: Nina Schnackenbeck
Satz: Uhl + Massopust, Aalen
Druck und Bindung: GGP Media GmbH, Pößneck
Printed in Germany
EB · CF
978-3-442-31727-1

www.goldmann-verlag.de

INHALT

Für mein jüngeres Ich
Danke, dass du nie aufgegeben hast
und immer wieder den Mut hattest,
für dich auf- und einzustehen.

VORWORT

Hi, ich bin Tijen,

ich bin:
zu fordernd,
zu direkt,
zu auffällig,
zu kritisch,
zu provokant,
generell einfach zu viel.

In jedem Fall wurde ich so schon oft bezeichnet. Bis ich irgendwann festgestellt habe: Ich bin genau richtig. Und – Preview – du bist es auch.

Meine Geschichte beginnt in einer kleinen Mietwohnung in Karlsruhe. Obwohl bei meinen Eltern jede*r willkommen war, drückte ich mich davor, Freundinnen einzuladen. Wir hatten nicht viel Platz, und meinen Eltern fehlte das Geld, unsere Wohnung schön einzurichten. Ich schämte mich.

Später dann: Ein Auslandssemester als Schülerin? Fehlanzeige!

Familienurlaube – statt Saint-Tropez nur Türkei, die Heimat

meiner Eltern. Heißt konkret: von Couch zu Couch, von einer Tante zum nächsten Onkel.

Was ich in meiner Kindheit erlebte, setzte sich in meinem späteren Leben fort. Im Studium, bei meinen ersten Schritten in der Politik und im Beruf merkte man mir meine soziale Herkunft zwar nicht direkt an, sie prägte aber mich und meinen Lebensweg. Um aufzusteigen und Karriere zu machen, konnten mir meine Eltern kein Verhalten, keinen Habitus und keine Tonalität mitgeben – so gern sie es sicher getan hätten.

In den kommenden Jahren sagte mir ständig jemand, wie ich zu sein hätte, was ich zu sagen hätte und was ich zu tun hätte – egal, wie ich mich fühlte. Dabei stellte ich fest: Den Mut aufzubringen, ich selbst zu sein, ist die größte Lebensaufgabe überhaupt. Aber ich verspreche dir: Mit Mut kannst du im Leben viel erreichen. Und das Beste: Mutig zu sein, kannst du lernen. Egal, ob es darum geht, das Kleidungsstück zu kaufen, das du schon immer tragen wolltest, den Job zu machen, von dem du träumst, oder darum, in einem entscheidenden Moment für dich einzustehen. Denn oft ist es doch so, dass einen genau dann dieser Mut verlässt: vor dem Kleiderschrank, in der Verhandlung, im Privaten. Es ist Zeit, das zu ändern!

Wer Mut zeigt, eckt an. Mut zu haben, bedeutet auch für mich immer, die Person zu sein, die anders ist: der Alien im Raum.

Heute bin ich Unternehmerin, eine der prominentesten Stimmen der deutschen Wirtschaft und Jurymitglied bei einem der bekanntesten TV-Formate Deutschlands. Als Kind türkischer Eltern baute ich mir aus dem Nichts als Aufsteigerin alles selbst auf – ohne Tennisplatz-Netzwerk und Golfclub-Connections.

Dir alles selbst zu erschaffen ist möglich. Aber es braucht länger. Und es braucht Mut. Diesen Mut habe ich mir hart erarbeitet, auch wenn Leute mir bis heute absprechen wollen, ich selbst zu sein.

In diesem Buch sage ich dir, wie ich trotz oder gerade aufgrund meiner sozialen Herkunft den Mut gefunden habe, meinen eigenen Weg zu gehen, mehrere Unternehmen aufzubauen und zu mir, meiner Herkunft und meiner Meinung zu stehen. Meine Geschichte soll dich motivieren – für dich auf- und einzustehen, dein privates und berufliches Glück mutig und selbstbestimmt in die Hand zu nehmen und deine Stimme zu nutzen.

Sei Autor*in deiner ganz persönlichen Geschichte und werde Held*in deines Lebens: *Be your own f*cking hero.*

Ich bin:
zu laut,
zu leise,
zu sexy,
zu langweilig.
Und was bist du?

Deine Tijen

KAPITEL 1

Jenny from the block

Vom Mut, zur eigenen Herkunft zu stehen

Für die einen ist es nur eine Tür, für mich ist es der Ort, an dem alles angefangen hat. Der Eingang zu unserer ehemaligen Wohnung. Das Tor voller Graffiti, die Klingelschilder zugeklebt, die ausgedrückten Kippen davor: Willkommen an der Tür zu meinem alten Zuhause!

Jedes Mal, wenn ich in meiner Heimatstadt Karlsruhe bin, laufe ich hier vorbei, weil die Straße vom Bahnhof auch zur neuen Wohnung meiner Eltern führt. Und ich erinnere mich, wie ich hier groß geworden bin. *Jenny from the block* – aus Karlsruhe!

»Ausfahrt freihalten« steht auf einem Schild – so als hätte mir das Schicksal schon damals sagen wollen: Du findest deinen Weg, egal über welche Hindernisse du stolperst.

From zero to hero! Dass ich das geschafft habe, wurde mir Weihnachten 2022 so richtig bewusst, weil ich Zeit hatte, in Ruhe zu reflektieren. Denn kurze Zeit später würde ich mit Douglas meinen eigenen Lippenstift »Red Tijen« auf den Markt bringen. Die ersten Kapitel für mein neues, dieses Buch waren getextet. Und mit meinem Unternehmen *Global Digital Women* standen wir kurz vor der Veröffentlichung spannender Diversity-Studien. Dazu endlich die Möglichkeit, andere Menschen finanziell durch meine Investments oder auch durch mein Netzwerk zu unterstützen.

I mean: Alles Dinge, die ich mir als kleines Mädchen stark gewünscht hatte. Als Kind war ich oft traurig, weil wir es uns nicht leisten konnten, Feste zu feiern. Ich schwor mir damals, dass ich – wenn ich es mir eines Tages leisten könnte – selbst Menschen an meinem Tisch platzieren und Feste feiern würde. Genau das tat ich – und erledigte in Gedanken die Bestellung für unsere Silvesterparty.

An besagtem Weihnachten liefen auf der Spotify-Playlist Christmas-Songs rauf und runter, und mein Ehemann Marco und ich spielten UNO. Während ich die eine oder andere Regel großzügig und zu meinen Gunsten auslegte (sorry, Marco!), kam mir eine Metapher in den Sinn, die perfekt passte.

Das Leben gleicht einem klassischen Kartenspiel. Wenn wir geboren werden, werden die Karten gemischt und ausgeteilt.

Asse und Könige sind das perfekte Blatt. Harter Tobak, wenn man wie ich von Anfang an weder das eine noch das andere in den Händen hält.

Die eigene soziale Herkunft nicht als Manko, sondern als Chance zu sehen – das erfordert viel Mut und ließ mich oft verzweifeln. Es ist wohl auch deshalb für mich zu einem Ritual geworden, zum Eingang unserer ehemaligen Wohnung zu gehen, wenn ich in Karlsruhe bin, weil meine Entwicklung nicht selbstverständlich ist.

Es steckt sehr viel Arbeit dahinter, es von ganz unten nach ganz oben zu schaffen. Die Erste in der Familie zu sein. Die Erste, die studiert. Die Erste, die ein Netzwerk aufbaut. Die Erste, die ein Unternehmen gründet.

Es braucht viel dazu – viel Durchhaltevermögen, viel Selbstvertrauen. Es geht nicht ohne Tränen, Wut, schlaflose Nächte.

Wie jemand aufgewachsen ist, wie hart jemand dafür gearbeitet und gekämpft hat, um sich Dinge leisten zu können, das sieht niemand.

Soziale Herkunft ist nicht sichtbar, wenn man es erst einmal geschafft hat. Aber es ist eben auch nichts, wofür man sich schämen muss, das würde ich der kleinen Tijen gern zurufen. Dass man mit wenig bis null Spielsachen auskommen kann und dass es okay ist, keine Markenklamotten zu tragen.

23,8 Millionen Menschen mit Migrationsgeschichte lebten 2022 in Deutschland. Ich bin eine von ihnen. Was uns alle eint, sind die erschwerten Jobchancen, weil der Name nicht deutsch genug klingt, weil man Tijen und nicht Thomas heißt. Dass der Name und damit die Herkunft starken Einfluss darauf haben, ob Bewerber*innen positive Rückmeldungen erhalten, bestätigen zahlreiche Studien wie die des *Wissenschaftszentrums Berlin für Sozialforschung*.

Andere Studien fanden heraus: Menschen mit türkischem Namen müssen 40 Prozent mehr Bewerbungen schreiben als Menschen mit deutsch klingendem Namen. 40 Prozent!

Während 7,4 von 10 Kindern mit studierten Eltern selbst ein Studium beginnen, sind es bei Kindern mit nicht studierten Eltern nur 2,1.

Für mich ist das Grund genug, mich für Diversity einzusetzen. Der erste Schritt, den auch du mitgehen kannst:

Laut werden und aufmerksam darauf machen, dass Diversity Vielfalt bedeutet. Nicht nur im Sinne der Geschlechtergerechtigkeit, sondern auch beim Thema Herkunft, Alter, Bildung und und und.

Heute bin ich CEO von vier Unternehmen, weil ich vor sechs Jahren an einem echten Tiefpunkt in meinem Leben war. Ich kündigte meinen damaligen Angestelltenjob, ohne etwas Neues zu haben. Ich hatte nicht wirklich etwas angespart, sodass ich eigentlich schnell wieder eine neue Arbeit finden musste. Ich nahm Gelegenheitsjobs an, um mich überhaupt zu finanzieren und über Wasser zu halten.

Das Einzige, das mir Kraft gab, waren meine Frauennetzwerk-Treffen, die ich damals schon organisierte und aus denen später meine Firma *Global Digital Women* entstanden ist.

Um es gleich vorwegzunehmen: Das hier soll sicher nicht in einen überromantischen Tenor einstimmen, dass du alles schaffen kannst, was du willst, wenn du es nur *wirklich* willst.

Aber wenn ich es mit meiner Story schaffe, soziale Herkunft etwas mehr zu enttabuisieren und nur eine Person empowere, dann bin ich happy.

Ob ich den Biss und die Ausdauer hätte, wäre ich in einem anderen Umfeld groß geworden? *I don't know.*

Was ich aber weiß: Ich möchte mit meiner Geschichte Mut machen. Dass es auch ohne großes finanzielles Back-up geht. Ich bin mein eigenes Back-up, das ist anstrengend, aber macht mich stark und mutig. Immer noch und immer wieder.

»Weißt du, mein Schatz«, schrieb meine Mama vor einigen Monaten in einer WhatsApp. »Alles, was du gemacht hast, hast du ganz allein geschafft mit deinem Mann. Es hat dir niemand geholfen. Ich bin so was von stolz darauf, dass ich so tolle Kinder habe. Ich wünsche euch von ganzem Herzen viel Erfolg, Glück, Kraft, Gesundheit, ich liebe euch.«

Auch wenn ich heute für mich selbst sorgen kann, sind solche Nachrichten unbezahlbar. Inzwischen teile ich die Worte meiner Mutter stolz in den sozialen Medien, vor ein paar Jahren dachte ich noch, ich müsse es vermeiden, über meine Herkunft zu sprechen. Sie nach außen hin zu zeigen? Unvorstellbar! Mit null Glitzer, null Glamour, wäre sie nicht cool genug, dachte ich.

Das trieb mich besonders um, als ich mich vor einigen Jahren selbstständig gemacht habe. Während ich nach einer Finanzierung für mein Unternehmen *Global Digital Women* schaute, las ich überall: »Gründerin XY hat wieder Millionen eingesammelt.« Ich wäre schon glücklich gewesen, hätte ich überhaupt Geld zur Gründung aufgetrieben.

Mein Vater steckte mir 50 Euro zur Unternehmensgründung zu. Natürlich zu wenig, um ein Business aufzubauen, aber dennoch genug, um mir zu zeigen, dass meine Eltern hinter mir standen.

Ich war bei der Bank, die mir natürlich keinen Kredit gewähren wollte. Durch einen Gründungszuschuss konnte ich die Anfänge finanzieren, zudem pumpten wir uns Geld von Marcos Mutter. Wäre das nicht gewesen: Ciao!

Heute bin ich dankbar, dass ich meiner Familie einiges zurückgeben kann – zum Beispiel, wenn es darum geht, dass ich ihnen Dinge kaufen kann, die sie sich immer gewünscht haben, oder dass wir als Familie ohne Stress und auf die Uhr schauen zu müssen, Zeit miteinander verbringen können.

Zeit war früher Mangelware. Konspirative Gespräche mit viel Tiefgang? Keine Chance! Meine Eltern, beide berufstätig, waren platt, als sie nach Feierabend nach Hause kamen. Stattdessen gab es »Silent disco« für mich. Ja, das trifft es ganz gut.

In unserer Familie gab es nichts im Überfluss, sieht man von Liebe ab. Das beste »Investment«, das meine Eltern mir und meinem jüngeren Bruder Cem mitgaben, ist genau diese Liebe, Urvertrauen und Humor. Und meine Mutter tut noch heute alles dafür, ein möglichst schönes Zuhause zu schaffen. Das sehe ich heute.

Immer aus allem das Beste machen, an sich selbst glauben, egal wie beschissen die Situation ist. Das habe ich mir von meiner Mama abgeschaut. Irgendwann kommt nach vielen Neins auch plötzlich ein Ja.

Jemand, der an dich glaubt.

Jemand, der dich weiterbringt.

Jemand, der dich empowered.

Als meine Mama vor einigen Jahren für eine Doku über mich spontan ein paar Worte in die Kamera sagte, war ich sehr stolz. Ich weiß, wie aufgeregt sie war, wie viel Mut sie aufbringen musste, aber sie hat es großartig gemacht – und sie war einfach sie selbst.

»Erst hat sie von mir gelernt, dann ich von ihr«, sagte meine Mama zu den Reportern. *I'm not crying, you are crying …*

Meine Mama war es auch, die mir beigebracht hat, anderen Menschen nichts zu neiden. Sondern es als Ansporn zu sehen, selbst große Dinge zu erreichen. Wie oft beobachte ich sie dabei, wie sie fremden Leuten auf der Straße Komplimente macht – weil sie wunderschöne Haare haben oder freundlich lächeln. Das ist für mich wahre Stärke und echtes Empowerment, für das jede*r von uns den Mut aufbringen kann!

Sosehr ich es liebe, Zeit mit meinen Eltern zu verbringen, so sehr genieße ich es, mir ein Hotel leisten zu können, wenn ich in Karlsruhe bin. Klar könnte ich über Nacht bei meinen Eltern schlafen, aber ich würde mich eingeengt fühlen, weil es mich zu sehr an früher erinnert.

Platz hatten wir nie viel. Vier Personen, drei Zimmer. Das war eins zu wenig. Mein Bruder Cem und ich teilten uns lange ein Zimmer. Nicht gerade das, was man sich als Teenie so vorstellt … Von unserem ganzen Zeug, das in die Mini-Wohnung passen musste, mal ganz abgesehen. Meine Freundinnen lebten in großen Häusern und noch größeren Gärten, in denen man herumrennen konnte.

Wenn ich könnte, würde ich heute in einer Halle leben. Ein Tisch, ein Stuhl, ein Bett, fertig!

Das Budget meiner Eltern ging für den Alltag drauf – und für das private katholische Mädchen-Gymnasium, auf das sie mich schickten. Sie mussten sich sicher einiges dafür absparen, dass ich diese Schule besuchen konnte.

Obwohl beide nur das Beste für mich wollten, fiel mir dort die Schere besonders auf.

Zwischen Religionsunterricht und Ethik.

Zwischen Arm und Reich.

Zwischen mir und den anderen.

Ein Lehrer schrieb sogar ins Abschlussheft, dass er stolz sei, dass er die einzige Muslima an der Schule unterrichtet habe. Ich würde mich selbst nie als Muslima bezeichnen, es zeigt aber, in welchem Setting meine Schulzeit stattfand.

Mit meiner Quasselei wickelte ich die Lehrer*innen dennoch um den Finger, ich war bei ihnen beliebt. Mitarbeit »sehr gut« – Mathe »ungenügend«, um es herunterzubrechen. Kaum zu glauben, dass ich später so größenwahnsinnig war, Volkswirtschaft zu studieren.

Früher lebte ich praktisch in der Bibliothek. Für mich die einzige Möglichkeit, in eine Welt einzutauchen, die ich sonst nicht erleben konnte. Märchen, Romane, Detektiv-Geschichten, je mehr, desto besser! Ich erinnere mich, dass wir zwischen all den Dingen in unserer Wohnung nicht viel Sachen zum Spielen besaßen, aber Bücher auszuleihen, das war möglich.

Als ich Anfang 2023 den Deutschen Lesepreis in der Kategorie »Sonderpreis für prominentes Engagement« bekam, wäre ich fast ausgeflippt. Dieser Preis ist wirklich etwas Besonderes. Denn egal, wie erfolgreich man ist: Die Schritte, die einen bis zum Erfolg geführt haben, vergisst man nicht. In Zeiten, in denen vielen Mädchen und Frauen Bildung verwehrt wird, bedeutet mir der Deutsche Lesepreis besonders viel.

Bildung und damit auch Zugang zu bestimmten Kreisen ist oft immer noch abhängig von der Sozialisation. Auch mir konnte zu Hause niemand den Habitus lehren, was sich in einem bestimmten Umfeld gehört. Sich alles selbst beizubringen, zu erarbeiten, lässt dich jedes einzelne Mal über deine Komfortzone hinausgehen.

Wohl auch deshalb war die erste Netzwerkveranstaltung, an der ich teilnahm, der reinste Horror. Ich kam mir so fehl am Platz vor, weil sich alle anderen kannten. Sie schwärmten von gemeinsamen Erlebnissen und sprachen über Menschen, die sie verbanden.

Improvisation war zu der Zeit meine Königsdisziplin. Daraus wuchs meine Kreativität, Agilität und Flexibilität. Also alles, was rund um die (neue) Arbeitswelt in vielen schlauen Runden immerzu besprochen wird.

Auch wenn mich meine Eltern nicht in die Sphären des politischen Frühschoppens einführen konnten oder Visitenkarten vorgedruckt hatten, taten sie doch eins: Sie brachten den Mut auf, mit mir gemeinsam zu wachsen. Auch in den kleinen Dingen. Meine Mutter hat bei den Promis im Fernsehen gesehen, dass man immer eine Hand in die Tasche steckt oder in der Hüfte abstützt – Taille und so. Mein Vater hält wie Politiker*innen immer den Daumen in die Kamera, sobald wir Fotos machen.

Die Politik war für mich, was Kommunikation und Netzwerke betrifft, ohnehin die beste Schule.

Wie sind die Spielregeln?

Wer kennt wen?

Wo platziere ich meine Anliegen?

Heute weiß ich vieles besser als früher und möchte dennoch manchmal wegrennen, weil mich in manchen Momenten das Hochstapler-Syndrom begleitet. Es lässt Selbstzweifel in mir wachsen, und immer wieder komme ich in die Situation, mich nicht gut zu fühlen, weil meine Herkunft eine andere ist.

Wenn sich auf Events die Hitparade der deutschen Wirtschaft trifft, dann weiß ich im Grunde meines Herzens, dass ich vom Level her mitspielen kann, und trotzdem kommen auch bei mir noch Unsicherheiten auf.

Mein Weg – mein Learning:

Wenn es keine Alternative gibt, kein Netzwerk, kein Kapital, dann kannst du deinen Weg auch allein gehen, wenn du mutig genug bist.

Ich möchte andere inspirieren, mit meiner Sichtbarkeit und meinen Erfahrungen. Auch deshalb gehe ich immer wieder an meinem alten Zuhause vorbei.

Diese Tür, die ich jedes Mal, wenn ich in Karlsruhe bin, sehe, kennen viele. Doch egal, wie sie für dich aussieht: Du musst sie aufmachen und hindurchgehen.

Hast du den Mut mitzukommen?

KAPITEL 2

Der rote Lippenstift und ich

Mut zur Weiblichkeit

Nie im Leben hätte ich gedacht, dass ein roter Lippenstift einmal solch eine große Rolle in meinem Leben spielen und ich sogar meinen eigenen Lippenstift auf den Markt bringen würde. Auch nicht, dass bauchfreie Tops und Jeans mit Cut-Outs für Diskussionsstoff sorgen könnten. Aber ich habe es ausprobiert, und es funktioniert: Ich kann Lippenstift tragen, mich pink anziehen und trotzdem Businessdeals verhandeln. Denn Lippenstift lässt mein Hirn nicht schrumpfen. Verrückt, ich weiß.

Dass Mode und Beauty eines Tages solch eine zentrale Rolle für mich einnehmen würden, das hätte meine Mutter Ayla sicher nicht gedacht. Ich erinnere mich noch gut: Als ich im Teenageralter war, bekam meine Mutter von ihrer besten Freundin Edith ein T-Shirt geschenkt. Zugegeben, es war schon eher gelb als weiß und zum Putzen gedacht – ich jedoch entschloss mich dazu, es zu einer Shoppingtour anzuziehen und genau vor dem Laden zu flanieren, in dem meine Mutter arbeitete und Schmuck verkaufte. Klar, dass es gefühlt keine drei Sekunden dauerte, bis meine Mutter neben mir stand, um mir zu erklären, dass das T-Shirt vieles war – aber ganz sicher kein Kleidungsstück, das man in der Stadt, also in der Öffentlichkeit tragen sollte.

Für mich war das Shirt aber (k)eine Frage des Stils. »Ich will nicht schickimicki durch die Gegend laufen«, entgegnete ich, die pubertierende Rebellin. Worauf meine Mutter zu Edith meinte: »Ob Tijen wohl jemals ihren Stil finden wird?«

Hell yes, das habe ich. Und den allergrößten Anteil daran besitzt – richtig! – meine Mutter.

Wenn ich an meine Kindheit zurückdenke, kommt mir nämlich vor allem ein Bild in den Sinn – meine Mutter und ihr kleiner Kosmetikspiegel. Der stand in unserer Küche, und meine Mutter nutzte ihn, um Lippenstift aufzutragen. Das Signal für mich als Kind: Es geht raus, wir unternehmen etwas.

Manchmal waren ihre Lippen pink, manchmal glossy, aber immer so, dass sie perfekt betont waren und die Blicke auf sich zogen.

Und auch bei mir ist es heute nicht anders: Es ist mein Ritual, morgens meine großen Lippen, die ich übrigens von meiner Mutter habe, zu schminken. Sobald mein Lippenstift aufgetragen ist, bin ich ready. Für den Tag, für die Keynote, für den Business Call.

Mein Lippenstift – meine Superkraft.

Meine Eltern waren (und sind) sehr modebewusst und haben immer darauf geachtet, dass mein Bruder Cem und ich als Kinder gut angezogen waren, obwohl wir nie viel Geld hatten und keine Markenklamotten besaßen.

Ich habe früh gelernt: Man muss keinen dicken Geldbeutel

mitbringen und kann Kleidung auch auf dem Flohmarkt kaufen, um gut angezogen zu sein – so wie meine Familie und ich. Das Thema Mode spielte bei uns eine große Rolle, auch weil meine Mutter vor meiner Geburt Model war.

Im Mode-Umfeld lernten sich meine Eltern, die beide aus der Türkei stammen, übrigens auch kennen.

Mein Vater, der Lebemann, der rauchte und trank.

Meine Mutter, bildschön, die für eine große Modemarke über den Laufsteg ging – und meinen Vater im Publikum beeindruckte.

Er kam, sah und verliebte sich in Ayla, die Frau mit dem türkischen Namen und den türkischen Wurzeln. Das perfekte Match, wie man heute sagen würde.

Meinen Vater nenne ich gern »Der Pate aus Karlsruhe«. Sein Dresscode: »*all black*«. Er trägt jeden Tag einen Anzug, so als würde er seiner Arbeit als Architekt nachgehen, obwohl er schon über 80 ist. Ich habe meinen Vater noch nie in einer Jogginghose gesehen. Feine schwarze Stoffhosen sind sein Musthave. Dass die aus dem Kleiderschrank fliegen? *Never ever!*

An der Prägung meiner Eltern lag es also nicht, dass mir im Teenie-Alter Mode schlichtweg egal war …

Das erste Mal, dass ich bewusst Mut in Sachen Mode aufbringen musste, war, als ich in der Politik aktiv wurde und für die FDP kandidierte. Für das Wahlplakat ging ich mit meiner Mutter shoppen und entschied mich statt eines schwarzen Blazers – für einen dunkelbraunen.

Was heute noch in vielen Branchen üblich ist, war 2006 schon so: Wenn Frauen dazugehören wollen, ziehen sie sich bewusst so an wie Männer. Einer wie alle, alle wie einer. Und wir Frauen machen mit, weil uns der Mut fehlt …

Weil ich auf dem Wahlplakat noch professioneller wirken sollte, war der Plan der FDP eigentlich, dass ich eine weiße Bluse trage. Eigentlich – denn den ersten Baby-Step in Richtung modische Selbstbestimmung machte ich wohl, indem ich mir ein weißes *Top* erkämpfte.

Eine 20-jährige Tijen im Look einer 40-Jährigen: Das sehe ich heute, wenn ich das Wahlplakat von damals anschaue. Nicht nur mein Blazer, auch meine Haare, mein gesamter Look – alles darauf getrimmt, dass ich ins System »Partei« passte. Und ich passte – mich an.

Dabei lag es nicht einmal daran, dass ich keine Lust hatte. Keine Lust auf Mode, auf coole Looks, auf Pink – mir fehlte schlichtweg der Mut. Mein unaussprechlicher Name, mein junges Alter, neu in der Politik, frisch in der FDP. Ich musste mich ohnehin schon ständig beweisen, jetzt auch noch mit Mode anecken und alle Angriffspunkte multiplizieren? Bitte nicht!

Dabei gab es durchaus Frauen in meinem Umfeld, die schon zu dieser Zeit Mode gelebt und geatmet haben. Sie predigten: Sei mutig, steh zu dir, mach dein Ding! Selbst wenn sie es nicht jedes Mal konkret mit Worten formulierten, so waren ihre Looks doch ein (stilles) Statement.

Silvana Koch-Mehrin beispielsweise, meine ehemalige Chefin, die damals Europa-Abgeordnete war. Sie trug: gelbe Anzüge, Kleider mit Musterstrumpfhosen.

Ihr seht: Es ging, und es geht inzwischen noch besser, wenn nur jede für sich genug Mut aufbringt, die zu sein, die sie wirklich sein will.

Mein modisches Schlaraffenland erlebte ich, als ich als Praktikantin im Europäischen Parlament nach Brüssel ging. Ich, Mitte 20. Um mich herum: Frauen in Looks, als würden sie auf eine Hochzeit gehen. Männer, die unfassbar stylisch gekleidet waren.

»Welches Event habe ich verpasst?«, war meine Frage. Die einfache Antwort: keines. Es waren die Italiener*innen und Spanier*innen, die da durch die Gänge flanierten. Es wurde zu meinem Ritual, mich in meiner Pause auf eine Bank zu setzen, mich zurückzulehnen und diese Erscheinungen in mich aufzusaugen. Heute könnte ich ohne Probleme Kandidatin bei »Wetten, dass..?« sein, weil ich am Outfit erkenne, wer welcher Nationalität angehört.

Die Zeit in Brüssel? Modisch gesehen eine echte Inspiration, die mich beflügelte.

Bis ich auf dem Boden der modischen Tatsachen in Deutschland landete, als ich den ersten Schritt in den Deutschen Bundestag wagte. Sobald sich hier jemand gut anzog und hübsch machte, wurde im Unterton suggeriert, dass da etwas nicht stimmte. Die Standardfrage: »Was hast du denn vor?« So, als ob etwas schieflief. Etwas Unkorrektes abging. Man sich am Rande der Legalität bewegen würde.

Es kostete mich im Bundestag sehr viel Mut, mich anders und auffällig zu kleiden. Im Zweifel setzte sich am Ende immer einer durch – der schwarze Blazer. Weil ich nicht aus der Reihe tanzen, ein Teil des Ganzen sein und akzeptiert werden wollte. Das klappte nur bedingt, weil ich ohnehin die Exotin war.

Klar: Gegen den Strom zu schwimmen strengt an. Wer »Casual Friday« googelt, bekommt im Netz die Erklärung: »Die übliche Kleiderordnung in den Firmen ist gelockert/aufgehoben«. Mit der Folge: Man trägt für gewöhnlich freitags Chucks zu Anzug und Kostüm – maximal.

Ich sage: Vielfalt und Selbstbestimmung fangen schon beim Kleidungsstil an, oder?

Mit den Jahren fiel mir auf: Je höher ich kam, desto mehr nahm die Vielfalt ab. Eine einfache Rechnung. Andere Farben, andere Schnitte? Fehlanzeige. Beim Modediktat wurde der Rotstift angesetzt, und die Spielregeln waren klar: Wer anders tickt, ist raus. Raus aus der Beförderung, raus aus dem Job, raus aus dem Game.

Meine Persönlichkeit an der Garderobe abgeben, das will ich heute nicht mehr. Sich jeden Tag selbst belügen, sich jeden Tag selbst betrügen? Keine Chance!

Wir alle performen schließlich nur richtig gut, wenn wir uns rundum wohlfühlen, wenn wir wir sind. Calls laufen auch dann top, wenn du bunt gekleidet bist. Vorträge sind auch dann mega, wenn dein Rock über dem Knie endet.

Ganz viele Frauen (und Männer!) glauben, einer Norm entsprechen zu müssen, damit sie am Entscheidungstisch sitzen dürfen. Normen sind Regeln, die in der Businesswelt unausgesprochen bleiben und meistens stillschweigend akzeptiert werden.

Aber: Regeln sind dazu da, gebrochen zu werden.

Sei jetzt, in diesem Moment, mutig und stell dir die Frage: Passt deinem Umfeld dein Kleidungsstil nicht?

Oder: Passt dein Umfeld nicht zu dir?

Meinen ganz persönlichen *Mindblowing Moment* erlebte ich, als ich vor fünf Jahren in einem internationalen Leadershipprogramm für Frauen als deutsche Repräsentantin in den USA war. Viele Nationen, viele Generationen. Sämtliche Farben, Formen. Alles bunt, *bold*. Die ganze Palette an Frau eben, die es gibt. Was war das für ein Bild, als wir durch die Straßen gingen … Wow!

Eine von uns: Laurence, die jeden Tag aussah, als würde sie auf eine Party gehen. Extravagante Kleidung. High Heels, deren Absätze bis zum Himmel reichten. Geniales Make-up. Die Haare superaufwendig frisiert.

Ob das nicht viel Arbeit sei, war meine Frage an sie. Ihre Gegenfrage: »Ziehst du immer nur schwarz an?« *Wait … What?* Das saß – und regte mich zum Nachdenken an.

Laurence hatte Recht. Tief in meinem Inneren hatte ich Bock auf bunt, auf laut, auf 100 Prozent Tijen. Ich würde ja, wenn ich könnte, dürfte, die Möglichkeit dazu hätte …

Das ist es, was ich auch heute von vielen Frauen höre. »Privat würde ich XY anziehen, aber beruflich? Besser nicht!«

Über mich schrieb die Presse einmal, ich sei schrill gekleidet. Schrill klingt nach anstrengend, nervtötend und skurril – so will echt keine sein. Aber egal, was ich oder wir tun, wie wir agieren und reagieren – Kritik sind wir immer ausgesetzt. Beispiele? Gibt es genug!

Frauen, die sich schminken, sind zu sexy.

Frauen, die sich nicht schminken, machen nichts aus sich.

Frauen, die sich die Haare färben, haben ein Problem mit dem Alter.

Frauen, die sich nicht die Haare färben, lassen sich gehen.

Und Männer – bei denen setzt mit dem Alter der George-Clooney-Effekt ein …

An Laurence prallten solche Vorurteile ab. Sie war sie. Zog ihr Ding durch. Keine halben Sachen. Immer volles Programm. Im Meeting, im Museum, beim Dinner. Sie stand zu sich. Ließ sich von neugierigen Blicken nicht beeindrucken. Konterte jede Kritik. Das werde ich nie vergessen, und eigentlich machte es mir am meisten Spaß zu sehen, wie sie darin aufging. Auf der Reise führte ich lange Gespräche mit Laurence, und sie riet mir, mutiger zu sein und mit einem bunten Kleidungsstück anzufangen.

Zurück in Deutschland, tat ich das, was Laurence mir eingetrichtert hatte. Ich nahm all meinen Mut zusammen, durchwühlte den Kleiderschrank, fand im hintersten Eck eine rote Bluse, entstaubte sie – und trug sie bei einem Event. Lauter Kerle und ich. Alle in Schwarz, ich in Rot.

Ich kam mir wie ein Alien vor, aber ich hatte meinen *Laurence-Moment,* den auch du haben kannst.

… Wenn du nur den Mut aufbringst. Und Gegenwind aushalten kannst. Nicht nur offline, sondern auch online. Regelmäßig erhalte ich »Fanpost« auf LinkedIn und Instagram. Mittlerweile in so großem Umfang, dass es ein Fulltime-Job wäre, alle zu kontern.

Da wollen mir fremde Menschen sagen, wie ich zu sein und welche Mode ich zu tragen habe?

Mich verändern?

Meine Grenzen für mich definieren?

Vorgeben, was richtig und was wichtig ist?

»Ich glaube, dass Sie mit immer neuen Kleidern die Top-Frauen der Industrie oder Politik diskreditieren. Ich halte die Fahne hoch für diese Frauen«, musste ich mir 2022 von einem Follower sagen lassen.

Eine ähnliche Reaktion gab es, als ich postete, dass mein Business und meine Leidenschaft für Lippenstift prima zusammengehen.

Ich las von Menschen, die sich über die Banalität des Posts beschwerten und ihn gleichzeitig doch kommentieren, nur um dann wieder zu platzieren, dass der Post banal sei – die Quadratur des Kreises also.

Aber ich las auch von Menschen, die in Kommentaren, aber auch zahlreichen Chats mit mir ihre Mut-Momente teilten, in denen sie sich getraut haben, das anzuziehen, was sie wollten.

Von Frauen, die schrieben, dass sie lange Zeit das Gefühl hatten, nicht ernst genommen zu werden, wenn sie das tragen, worauf sie Lust haben.

Ganz ehrlich – auf Negativkommentare habe ich schlichtweg keinen Bock mehr. Wie oft habe ich mich nicht getraut, ich zu sein? Weil ich dachte: Du musst unscheinbar bleiben, dich anpassen, um gehört zu werden, um weiterzukommen – auch und vor allem, was Mode und Beauty angeht.

Umso schöner, dass mir auf den oben beschriebenen Lippenstift-Post unglaublich viele Frauen und Männer geschrieben haben, ich hätte sie inspiriert, mutiger zu sein. In Zahlen ausgedrückt: Der Post hatte eine Reichweite von 1,5 Millionen Views. Sichtbarkeit im wahrsten Sinne.

Ja, nein, vielleicht, zu rot, zu grell, zu was-auch-immer: Während die Diskussion heiß lief, musste ich innerlich schmunzeln. Denn niemand wusste, dass ich im Hintergrund gerade dabei war, meinen eigenen Lippenstift mit Douglas herauszubringen. »Red Tijen« in den Regalen? CHECK!

Man mag es kaum glauben, aber das mit der Selbstbestimmung der Frau und der Freiheit, alles tragen zu dürfen, ist nun einfach so. Es mag noch nicht überall angekommen sein, aber das geht nicht mehr weg. Willkommen im 21. Jahrhundert!

Nein, nicht jede Frau muss in *all over red* durch die Gegend laufen. Aber ich setze mich dafür ein, dass, wenn sie es möchte, sie es kann.

Ich bin der lebende Beweis: Ich kann einen coolen Lifestyle pflegen und einen harten Deal verhandeln. *That's it.*

Vergleicheritis – eine ganz schlimme Krankheit bei dem Thema Mode und Beauty. Natürlich suchen wir uns alle (modische) Vorbilder. Heute geht das mit Internet, Instagram, Videos und Reels einfacher denn je. Und damit einher geht der Trend, Dinge eins zu eins kopieren zu wollen.

Du liebst Schluppenblusen? *Go for it!*

Rote Schleifen sind dein Markenzeichen? Stehen dir mega!

Ich kann dir nur mitgeben: Deine Mode, dein Stil, dein Geschmack sind genau richtig, so wie sie sind!

Die Gretchenfrage: Wenn *du* nicht für dich einstehst, wer denn dann?

Ein Weg beginnt mit dem ersten Schritt – los geht's!

Schau dich in deiner Wohnung und in deinem Kleiderschrank um und suche Dinge, die dir richtig viel Energie geben. Das kann ein Kleidungsstück wie eine pinke Hose oder ein Accessoire wie eine funkelnde Kette sein – wichtig ist: Du musst dir damit gefallen.

Du fragst dich beim Anziehen: Ist das womöglich zu viel? Ich schiebe die Frage hinterher: Für wen könnte das zu viel sein – für dich oder für die anderen?

Stellst du dir die Frage aus vorauseilendem Gehorsam?

Musst du dich anpassen – oder müssen dich die anderen einfach so nehmen, wie du bist?

Nun könnte man die Theorie aufstellen: Wer wie ich selbstständig ist, kann entgegen jeder Norm leben, weil ich als Chefin selbst die Regeln aufstelle und vorgebe. Von wegen!

Gerade als Unternehmerin muss und will ich ernst genommen werden. Bei Kund*innen, bei möglichen Auftraggeber*innen, in der Wirtschaftswelt. Bei Keynotes, in Panels, im persönlichen Vier-Augen-Gespräch.

Wie uns alle begleiten auch mich finanzielle Verpflichtungen, die nicht aufschiebbar sind. Mitarbeiter*innen, die jeden Monat bezahlt werden wollen.

Mieten, die beglichen werden müssen.

Pitches, die daher gewonnen werden sollten.

Für mich sind das Faktoren, die mich antreiben, mehr zu sein, statt weniger. Nach Misserfolgen weiterzumachen und dann doch Erfolge einzufahren. Und dennoch die Mode zu tragen, die ich liebe.

Ganz nach dem Motto: Gib alles – aber niemals auf.

Schön sein und Schönheit liegt ohnehin immer im Auge des*der Betrachtenden. Schon seit Jahren bewundere ich

Frauen, die ihren Weg auf internationaler Ebene gegangen sind und ihren Look durchgesetzt haben, weil sie mutig sind.

Christine Lagarde, die Präsidentin der Europäischen Zentralbank, zum Beispiel. Graue Haare, schicke Blazer. Für mich der Inbegriff der Eleganz.

Michelle Obama, die armfrei – stark und selbstbewusst – aufgetreten ist und deren Looks in den sozialen Medien von ihrer Stylistin regelmäßig gepostet werden.

Moment! Eine prominente Frau, die ihre Outfits bewusst öffentlich präsentieren lässt? Wir stellen uns vor, das wäre in Deutschland und mit Angela Merkel passiert. Ein Sturm der Entrüstung wäre wohl über das Land hinweggefegt.

Ohne Zweifel sind Mode, Beauty und Schönheitsideale ein starkes Element. Sie werden ganz, ganz bewusst eingesetzt.

Die Frauen im Iran, die sich seit 2022 die Haare abschneiden und auf den Straßen gegen das diktatorische Regime demonstrierten.

Kamala Harris, Vizepräsidentin der USA, die 2020 im weißen Anzug auftrat, um auf die Frauenrechte aufmerksam zu machen.

Botschaften auf T-Shirts wie »*Woman. Life. Freedom.*« oder »*The future is female*« erzielen bei dem*der Empfänger*in (hoffentlich!) ihre Wirkung.

Mode spielt also nicht nur politisch eine tragende Rolle, sondern auch gesellschaftspolitisch.

Auch Männer – das behaupte ich, ohne eine Studie in Auftrag gegeben zu haben – wissen das. Sie nutzen die Macht der

Mode für sich, selbst wenn es nur subtil ist. Weil sie dazugehören wollen, weil sie … das Spiel mitspielen.

Da ist der Kerl aus dem Start-up mit den Segelschuhen, der glaubt, den Investor allein durch seinen vermeintlich coolen Look zu überzeugen.

Dort der CEO mit den Sneakers, der jugendlich wirken will, aber im Herzen Traditionalist ist.

Und hier sind wir Frauen mit dem kurzen Memo an uns alle: Wir besitzen jedes Recht der Welt, uns so zu kleiden, wie wir wollen.

Abgesehen davon, dass ich coole Looks liebe, nutze auch ich Mode für mich. Bei meinen Auftritten überlege ich mir sehr genau, welches meiner Lieblingsstücke ich heute aus meinem Kleiderschrank ausführe.

Ich frage mich:

Was ist der Anlass?

Wie ist das Setting?

Wie ist der Look des Events?

Was ist meine Botschaft?

Meine Looks sind so vielfältig wie meine Gemütslage. Oberste Prämisse dabei: stetig ich zu sein. Und das variiert. Mal habe ich Lust, komplett in Rot und Leder aufzutreten wie bei der Gamechanger-Konferenz in Wien, bei der ich auf einem Panel zu Diversity sprach. Mal ist mir nach Allover-Jeans-Look, wie bei der Auszeichnung mit dem Deutschen Lesepreis. Oder ich trage meine Lieblingsfarbe: Leo. Wie bei der Moderation des *Female Finance Awards* von *Focus Money.*

Ich lebe mich aus, und ich setze mich dafür ein, dass jede Frau genau das tun kann!

Probiere es aus und stelle dir genau die Frage nach der Botschaft, der Wirkung, aber vor allem auch danach, wie du dich gerade fühlst! Und nein, du musst dafür nicht auf den ganz großen Bühnen und vor Kameras stehen – es reicht, wenn du deinen nächsten Bürotag planst.

Licht aus, Spot an, du bist dran!

Logo, in manchen Momenten zucke auch ich zusammen und bin dabei, meinen Mut zu verlieren. Es ist noch gar nicht lange her, als ich zu einem Businesstreffen eingeladen war und es für eine geniale Idee hielt, in einem besonderen Mantel aufzutauchen. Bodenlang, getigert, Beyoncé wäre stolz auf mich gewesen. Ich flog also auf der Veranstaltung ein – und landete in einem Meer von Anzügen und Kostümen.

Nicht, dass ich das nicht ohnehin von der Führungsetage her gewöhnt wäre … Mir kann jedoch keiner erzählen, dass 250 Menschen in einem Raum den gleichen Geschmack haben. Oder alle Mitarbeiter*innen auf dem Foto für den Jahresbericht einer Versicherungsgesellschaft den gleichen Look tragen *wollen*.

Es ist eine Regel, die aufgedrückt wird, weil … Ja, warum eigentlich?

Zurück zum Event: Ich war kurz davor, die Veranstaltung zu verlassen. Heimlich, still und leise – hätte mich nicht eine junge Frau angesprochen. »Ich wusste, dass du heute kommst, ansonsten hätte ich mich nicht getraut, grüne Schuhe anzuziehen«, sagte sie.

Meine Lösung in der Situation? Durchatmen, Krone richten, vor Ort bleiben, ganz Beyoncé-like. Die junge Frau gab mir letztendlich den Grund, nicht durch die Hintertür zu flüchten, mutig zu bleiben und für mich, für sie und für uns alle einzustehen.

Denn ich wünsche mir so sehr, dass Frauen den Mut haben, ihre Weiblichkeit im Business zu leben, sich trauen, auch mal das Bandeau-Top zu tragen – weil Männer schließlich auch drei Knöpfe öffnen dürfen, wenn's in der lockeren Runde mal wieder betont lässig zugeht ...

Oft wird mir die Frage gestellt, wann sich mein Kleidungsstil zu dem geändert hat, der er heute ist. Meine Antwort: mit dem Schritt in die Selbstständigkeit vor sechs Jahren.

Dabei spielten drei Faktoren eine Rolle:

Erstens: mein Mann Marco, der bunt trägt, seit ich ihn kenne, und der mich dazu ermutigte, nicht nur schwarz anzuziehen. Das Leben ist manchmal schließlich traurig genug, meinte er.

Zweitens: Das Next Level kam mit meiner Stylistin Alice. Sie beriet mich und stellte Looks zusammen, auf die ich nicht gekommen wäre und die zu tragen mir ohne Alices Rückenwind der Mut gefehlt hätte.

Und drittens: *me, myself and I.* Ich allein war es, die keine Rolle mehr spielen wollte, alle Modefesseln ablegte und den Mut hatte, Tijen unverblümt zu sein!

Denn: Empowerment beginnt mit Self-Empowerment. Mein Learning, das ich an dich weitergebe.

Ich liebe es inzwischen, neue Looks auszuprobieren. Es macht unfassbar großen Spaß! Dabei ist mir klar: Ich bin für viele eine Provokation auf zwei Beinen. Und lasse es mir trotzdem nicht gefallen, wenn mir jemand sagt, ich würde mit meiner Kleidung provozieren.

Not. Your. Business.

Einer meiner All-time-Favourites in Sachen Mode-»Ratschlägen« im World Wide Web: »Kleiner Tipp, was sich im Businesskontext nicht gehört, ist, sich das Gesicht so bunt anzumalen – außer in bestimmten Berufszweigen.« Danke, Dieter – das war für mich die Initialzündung, meinen ersten eigenen Lippenstift zu entwickeln.

»Bestimmte Berufszweige« ... Lass mich kurz überlegen ... Ich fühle mich sehr wohl als CEO in Lack und Leder.

KAPITEL 3

Mein Haus, mein Auto, mein Leben

Mut zur finanziellen Unabhängigkeit

Es gab Zeiten, in denen ich mir eine gute Fee herbeigesehnt habe. Inklusive frei wählbarer Wünsche. Oder zumindest einen*eine Erfinder*in – mit der cleveren Idee, einen Bankautomaten zu entwickeln, der nicht nur Geldscheine, sondern auch Münzen ausspuckt. Dann wäre ich wieder flüssig gewesen für den Kaffee am Eck … Drei Euro, zwei Euro, eine happy Tijen. Stattdessen bekam ich vom Bankautomaten mit einem Fiepen meine Karte zurück – und mit ihr die Erkenntnis, dass mein Konto einmal mehr heruntergerockt und der Dispo gesprengt war.

Noch heute meide ich aus diesem Grund Bankautomaten wie Bausparer*innen das Venture Capital. Ich verspüre eine Aversion, tief in mir. Einen Schmerz, dem ich mich immer wieder stellen muss.

Die Angst sitzt tief.

Dass ich unter den Blicken der anderen Bankkund*innen kein Geld ziehen kann.

Dass ich blank bin.

Dass ich meine Eltern anpumpen muss.

Das Trauma sitzt einfach zu tief.

Meine Beziehung zu Geld war lange Zeit eine Nicht-Beziehung. Auch weil wir in der Familie nie über Geld gesprochen haben. Nicht einmal im negativen Sinne. Familienfinanzen waren tabu. Ich glaube, meine Mutter und mein Vater sind nach dem Motto gefahren: Lieber kein Thema als ein unangenehmes.

Während die Eltern meiner Freundinnen am Abendbrottisch Taschengeld und Sparpläne diskutierten, sorgten bei uns maximal die nächsten Sommerferien für Gesprächsstoff. Da ging es – richtig – in die Türkei. Die Flüge – mühsam zusammengespart.

Das kleine Gehalt meiner Eltern – große Sprünge waren nicht drin.

Ein Highschool-Jahr? Bei meiner sozialen Herkunft und mit dem finanziellen Background undenkbar! Stipendien gab es damals noch selten bis nie.

Manchmal erzähle ich im Spaß, dass mein Auslandsjahr in der Türkei stattgefunden hat: Wenn ich all unsere Familienurlaube zusammenrechne, kommen mit Sicherheit 52 Wochen zusammen.

In lockerer Runde muss ich über diese Anekdote schmunzeln – als Jugendliche hätte ich meine nicht vorhandenen Buffalo-Plateauschuhe eingetauscht, um mich von einer der Bosporus-Brücken an die Brooklyn Bridge zu beamen.

Meine interkulturelle Bildung bestand in meinen Kindheits-

und Jugendtagen also darin, dass wir in den Ferien in die Heimat meiner Eltern flogen. Wo von uns als in Deutschland lebenden Türk*innen erwartet wurde, Bargeld mitzubringen. Viel Bargeld.

Das hätten meine Eltern wahrscheinlich sogar getan, wenn sie nur so viel Geld gehabt hätten, um es mit anderen zu teilen ...

Mein Bruder und ich schwammen dank meiner Eltern zwar auf einer Welle der Liebe, aber beim Thema Geld herrschte bei ihnen als türkische Einwander*innen Ebbe statt Flut, obwohl mein Vater auf dem Hochbauamt und meine Mutter als Verkäuferin arbeitete.

Keine Invests, die für unsere Zukunft getätigt wurden.

Keine Wohnungen, die uns überschrieben wurden.

Keine Schenkungen, keine Erbschaften, einfach nichts.

Nur die Ratschläge meines Vaters, die ich dir an dieser Stelle weitergebe:

Sei stolz!

Sei unabhängig!

Kenne deinen Wert!

Um an dieser Stelle gleich mal Tacheles zu reden: Trau dich, das Thema anzugehen: Hab den Mut, auch in Finanzdingen für dich aufzustehen und einzutreten. Sei es dir im wahrsten Sinne des Wortes wert – das ist der erste Schritt zur finanziellen Unabhängigkeit.

Das musste auch ich lernen, allerdings schmerzlich – auf dem Flohmarkt.

Der Flohmarkt war für uns als Familie Anlaufstelle Nummer eins, wenn etwas benötigt wurde oder wenn wir Dinge verkaufen wollten.

Ich erinnere mich noch gut, wie ich als Kind meine Figuren aus den Überraschungseiern fein säuberlich an unserem Stand aufbaute. Nicht die, die man zusammenstecken musste. Die Einzelfiguren, die schon damals echte Sammlerobjekte und nur teuer zu erwerben waren.

Im Grunde die ETFs der 1990er, weil sich das eigene Kapital über die Zeit steigerte, ohne dass man etwas dazu tun musste.

Jedenfalls hatte mein jüngeres Ich unwissentlich zum Super-Sale eingeladen. Mein Angebot zeigte sich als Schnäppchen und fand reißenden Absatz, vor allem bei einem älteren Herrn, der meine Figuren nicht nur entdeckte, sondern auch einsackte. Für Cent-Beträge. Der Deal: Er kam, kaufte und ich kassierte kräftig – dachte ich. Denn: Der Preis, den ich für meine kostbaren Stücke aufgerufen hatte, war viel zu niedrig. *Shout out* an den Flohmarktbesucher, der mir leise zuflüsterte, dass meine Figuren Mini-Schätze in Plastikform waren …

Und nun, was tun?

> *»Nobody is coming to save you. Get up. Be your own f*cking hero.«*

Wer immer darauf wartet, dass andere Entscheidungen für einen treffen, macht sich abhängig oder wartet ewig.

Ich habe festgestellt: Je länger ich darauf hoffe, dass mich jemand entdeckt, promotet oder unterstützt, desto mehr verzweifele ich.

Du kannst noch so viele Mentor*innen und Ratgeber*innen um dich herum haben, noch so viele Förder*innen. Aber: Am Ende musst du für dich selbst einstehen, selbst entscheiden. Niemand wird dir das abnehmen. Und je mehr du daraufsetzt, was andere tun, desto unfreier bist du.

Hätte ich in meinem Leben nicht so oft gekämpft, wäre ich heute sicherlich nicht an dem Punkt, an dem ich bin. Dass es einfach ist, sagt keiner.

Sei dir klar in dem, was du willst – für dich, dein privates und berufliches Leben, gerade in puncto Geld.

Losgehen, Fehler machen, Entscheidungen treffen – alles okay. Hauptsache, du bewegst dich.

Zurück zum Flohmarkt. Als Wingman sprang am nächsten Verkaufstag mein Vater ein und gab mir nun den nötigen Rückenwind. Er bestärkte mich darin, besser zu verhandeln.

»Lass den anderen kommen und frag ihn, was er bezahlen möchte, bevor du einen Preis nennst.«

Warum? Ganz einfach!

Die kaufinteressierte Person wird ihr Maximum nicht als Einstiegsgebot nennen. Genauso wie das Gegenüber nie den niedrigsten Preis aufrufen sollte, wenn sie*er als Erste*r am Zug ist (außer, man ist ein gutgläubiges Kind wie ich eines war).

Im Idealfall sieht es so aus: Der*die, der*die kaufen will, nennt einen niedrigeren Preis, als er*sie tatsächlich bezahlen würde. Der*die, der*die verkaufen möchte, nennt einen höheren, als er*sie braucht. Wenn's gut läuft, bewegen sich beide aufeinander zu und treffen sich am Ende in der Mitte.

Und – oh Wunder – die Kasse klingelte mit meiner neuen

Taktik. Und am Ende stand das zu Buche, was ich im wahrsten Sinne des Wortes *verdient* hatte.

Bedeutet übersetzt: Ein bisschen geht es bei Verhandlungen wie auf einem türkischen Basar zu. Natürlich kommt es auf den Preis an. Jeder möchte ein gutes Geschäft machen – logo. Aber auch die Stimmung muss stimmen, das Wording, das Setting. Wie mir das im Urlaub gelungen ist, verrate ich dir gleich hier.

Es war nach dem Abi, als meine Freundinnen und ich in die Türkei reisten, um unseren Abschluss gebührend zu feiern. Die Wohnung meiner Tante diente uns als Home-Base, ganze vier Wochen lang. Jackpot! Der Besuch auf dem Basar – gesetzt.

Und was soll ich sagen? Die Menschen, die Sprache, die Preise – von Sekunde eins mein Terrain! Ich konnte mit meinem Wissen – über Menschen, Sprache, Traditionen – selbstbewusst auftreten, und mir wurde so (ein weiteres Mal) ein Learning fürs Leben geschenkt: Du kannst alles verhandeln – wenn du nur im entscheidenden Moment den Mut aufbringst.

Nach meinem Crashkurs »Verhandlungen für Anfänger*innen« auf dem Flohmarkt, bekam ich in der Türkei easy das Upgrade in die Kategorie »fortgeschritten«. Und »Expert*in« sollte folgen …

Mein Tipp Nummer eins für dein finanzielles Level-up lautet:

Suche dir Räume und Situationen, in denen du dich wohlfühlst, um Verhandlungen zu üben. Das kann dein Heimatort sein, weil dir die Umgebung bekannt ist. Eine gestellte Gesprächssituation mit den Lieblingskolleg*innen, weil du ihnen vertraust. Dein iPhone, weil du mit einem Video ohne großen Trouble im Selfie-Modus checken kannst, wie deine Körperhaltung ist.

Tipp Nummer zwei: verhandle. Immer und ohne Ausnahme. Dazu gehört: Steige höher ein, als du dich normalerweise trauen würdest.

Verhandle Waren und Angebote nach. Nimm die Fuck-off-Haltung ein, weil du deinem Gegenüber so freundlich, aber bestimmt vermittelst, dass du nicht angewiesen bist. Nicht auf das Produkt, nicht auf das Gehalt, nicht auf den Job. Du nimmst alles super gern, aber zu deinen Bedingungen.

Oder, anders gesagt:

> *»Go for it, because missed opportunities hurt much more than rejections.«*

Grenzen – auch finanzielle – verschieben sich, sobald du dich aus deiner Komfortzone bewegst. Nicht ohne Grund schreibt der Duden, dass das Wort »Komfortzone« »oft leicht abwertend« gemeint ist.

Komfortzonen fühlen sich natürlich gut an, sonst würde sich nicht das Wort »Komfort« darin verstecken, und sie sind ein Stück weit und in bestimmten Situationen im Leben auch okay, aber eben nicht so richtig geil. Vor allem nicht, wenn du dich weiterentwickeln willst, du vorankommen möchtest, du unzufrieden oder gar unglücklich mit deiner aktuellen Lebenssituation bist. *By the way:* Das gilt übrigens nicht nur in Sachen Money-Mindset, sondern auch für unglückliche Beziehungen und ätzende Arbeitsstellen.

Ich selbst hatte lange kein Gefühl für Geld. Erst seit Beginn meiner Selbstständigkeit vor sechs Jahren setze ich mich mit dem Thema auseinander. Ich war lange, sehr lange, im Club der Finanz-Newbies.

So viel weiß ich jetzt schon: Je früher man sich mit Geld auseinandersetzt, desto besser. Und: Wer seine Finanzen kennt, hat sein Leben im Griff.

Drei Dinge sind für mich in Sachen Finanzen essenziell:

1. Wissen ist Macht.
   Egal, ob es Bücher, Tageszeitungen oder soziale Medien sind – lesen, lesen, lesen … Denn lesen bildet. Nur, wenn du weißt, wovon du sprichst, hast du eine gute Verhandlungsbasis.
2. Recherchiere im Markt.
   Gerade und besonders für Gehaltsgespräche ist das wichtig. Was ist üblich? Was wird bezahlt? Wie weit geht die Range? So kommst du weiter!
3. Mache Geld zu deinem Thema.
   Offen und ehrlich. Frei und ungezwungen. Triff dich mit deinen Freundinnen zu einem monatlichen *Finance Circle.* Gehaltsgespräche, Kryptowährungen, Eheverträge – die Themenliste liefere ich dir hier gern *for free.* Je natürlicher Geld für dich wird, je mehr es ritualisiert und in den Alltag eingebunden wird, desto mutiger wirst du. Die nächste Stufe in Sachen Female Empowerment ist für mich ohnehin, Gehälter und Honorare offenzulegen.

Tja, wirst du jetzt sagen, über Geld spricht man nicht. Das haben wir schon als Kinder alle eingetrichtert bekommen und brav auswendig gelernt.

Der gute alte Volksmund – Zeit, ihn auf den Kopf zu stellen. Beispiele gefällig? *Bitte – hier:*

Geld allein macht nicht glücklich? Nun, Geld mag im Leben sicher nicht alles sein, aber Geld macht so vieles so viel einfacher.

Für sein Geld muss man hart arbeiten? Ersetze »hart« durch »smart«!

Geld ist die Wurzel allen Übels? Bullshit – wenn man beispielsweise nur daran denkt, wie viel Wirkung man mit Invests in Gründerinnen schafft.

Ich gebe es zu: Ich liebe es, Geld zu verdienen. Viel Geld zu verdienen. Geld bietet mir das größtmögliche Gefühl der Freiheit.

Den Duft eben dieser Freiheit erschnupperte ich bereits als Kind. Jeden Tag besuchte ich nach der Schule meine Mutter bei ihrer Arbeit als Verkäuferin im Schmuckladen. Statt »Satz des Pythagoras« stand dann »Menschenkenntnis« auf dem Stundenplan.

In den Auslagen: Thomas Sabo, Dior, Prada – das Who is Who der Schmuckszene.

Hinter der Theke: ich, die beobachtete, wie die Menschen ein und aus gingen.

(Ehe-)Paare, deren Rollen klar verteilt waren. Er, der Geldgeber. Sie, die sich »etwas Nettes« aussuchen durfte. So großzügig die Geste der Gentlemen wahrscheinlich gemeint war, mich turnte sie einfach nur ab.

Viel attraktiver fand ich die Frauen, die sich ihren Schmuck selbst kauften. Diese Coolness, diese Selbstverständlichkeit – das faszinierte mich und imponierte mir. Ich saugte alles in mich auf, speicherte die Szenen auf meiner inneren Festplatte ab und ging Jahre später selbst shoppen …

Wie gut erinnere ich mich an den Tag, als ich mir meinen ersten etwas teureren Schmuck selbst gekauft habe. Dieses Gefühl, in den Laden zu gehen und zu wissen, dass ich mir das Teil selbst gönne – unbezahlbar!

Es ist cool, teure Sachen geschenkt zu bekommen. Noch cooler ist es, sich diese selbst zu kaufen.

Und hey, niemand muss auf der Düsseldorfer Kö oder auf der Münchner Maximilianstraße Stammkund*in sein. Es reicht, sich sein eines Lieblingsteil auszusuchen, für das es sich lohnt, die viel zitierte Extrameile zu gehen. Die Courage aufzubringen, im nächsten Gehaltsgespräch 300 Euro mehr zu veranschlagen.

Challenge? Ab sofort von dir *accepted!*

Wer mir in den sozialen Medien folgt, weiß, wie sehr ich LinkedIn und Instagram liebe. Es ist mein Tagebuch – und ich lese gern bei allen anderen mit.

Eine Followerin taggte mich im vergangenen Jahr auf ihrem Reel. Die Hauptrolle darin: ein Cartier-Armband. Ein Exemplar aus der Love-Kollektion, für das man zu zweit sein muss, damit man es an- und ablegen kann, weil es einen kleinen Schraubenzieher dazu braucht. Meist wird eben dieser Schraubenzieher von dem*der Partner*in verwahrt, als Zeichen ewiger Liebe.

»Ich habe lange gehofft, dass jemand kommt, der mir das

Armband schenkt«, schrieb mir die Followerin in einer persönlichen Nachricht. »Bis ich festgestellt habe, dass ich selbst die Person bin, die mir am nächsten steht.«

Auch wenn die Followerin sicher jemanden gebraucht hat, um sich das Armband anzulegen, finde ich ihre Message stark.

Dazu passt doch:

> »*Compliment yourself.*
> *Get dressed up for yourself.*
> *Take yourself out and celebrate your live.*
> *A woman becomes a force when she learns to be her own best friend.*«

Eben weil ich mit sehr wenig Geld aufgewachsen bin, war es immer mein Ziel, so viel zu haben, dass ich finanziell unabhängig leben kann. Ich will aber auch nicht verleugnen, dass ich auf dem Weg dorthin, der jede Menge Mut gekostet hat, immer wieder mit meinen Urängsten konfrontiert wurde. Du erinnerst dich: der Bankautomat, der keine Münzen ausspuckt.

Wie oft standen mein Mann und ich – zumindest gefühlt – vor einer Insolvenz. Wie viele Male habe ich mir kein Gehalt überwiesen. Und wie sehr ärgere ich mich bis heute, wenn wir ein Projekt und damit Geld gewinnen, um es wenige Wochen später wieder zu verlieren. Die Achterbahnfahrten des Unternehmertums …

Ich bin davon überzeugt, dass Geld bei mir Dreh- und Angelpunkt für ganz vieles ist, weil meine soziale Herkunft nun mal so ist, wie sie ist. Geld ist mein Antreiber. Mein Mutmacher.

Meine Unabhängigkeit. Wenn du immer wenig hattest, dann ist dein Wunsch nach mehr sehr stark.

Auch dann, wenn du von einem Thema so gar keinen Plan hast. Bestes Beispiel: Investments in Start-ups.

Ich dachte immer, das ist etwas für Menschen, mit sehr viel Ahnung und sehr viel Geld. Stimmt, es braucht Ahnung, und es braucht Geld, aber heute weiß ich: Alles ist erlernbar.

Vor etwa drei Jahren fing ich an, in Start-ups zu investieren. Und zwar in solche, die von Frauen gegründet werden. Es ist nämlich so: Frauen haben schwerer Zugang zu Kapital als Männer. Studien zeigen: Wenn eine Frau exakt dieselbe Idee pitcht wie ein Mann, bekommt der Mann das Kapital, nicht die Frau. Tatsächlich aber führen dokumentierte Erfahrungswerte uns deutlich vor Augen, dass die von Frauen geführten Start-ups erfolgreicher sind.

Ich persönlich will nicht, dass Produkte und Dienstleistungen nur von einem Geschlecht gedacht oder gemacht werden.

Im Rückblick war mein Vorhaben ziemlich mutig, schließlich musste ich während der Gründerevents, die ich besuchte, Begriffe wie »*Bootstrapping*« und »*Burn Rate*« erst mal heimlich auf der Toilette googeln. Bis dahin dachte ich immer, »*Track-Record*« sei eine Playlist …

So weit, so unwissend. Meine gute Freundin und Wirtschaftswissenschaftlerin Ann-Kristin Achleitner stand mir zur Seite und erklärte mir, dass das Start-up-Lexikon kein Buch mit sieben Siegeln sei. Schlussendlich kochen alle nur mit Wasser.

Ich ließ mich demnach nicht von meiner Idee abbringen, in

Gründerinnen zu investieren, las mich ein, lernte dazu, sprach mit meinen Mentoren und Mentorinnen.

Als ich die ersten Gespräche mit anderen Investoren, meistens eben Männer und Risikokapitalfirmen, führte, wurde mir gesagt, ich solle es lassen.

Grund eins: Ich hätte keine Ahnung, weil meine eigenen Firmen zum damaligen Zeitpunkt ohne Investoren liefen.

Grund zwei: In Frauen zu investieren sei kein *Business-Case.*

Ihr könnt euch meine Reaktion ausmalen …

Heute arbeitet mein Kapital in mehr als zehn Start-ups. *More to come,* meine Investmentfirma wächst.

> *»Frauen, die nichts fordern, werden beim Wort genommen – sie bekommen nichts.«*

An dieses Zitat der Feministin Simone de Beauvoir erinnere ich mich gern, wenn ich Deals aushandle. Mein Ehrgeiz ist geweckt, wenn ich Ungerechtigkeit wittere – fast vergleichbar mit der Perfektion von Beyoncé, wenn sie einen neuen Song releast.

Ob ich mir vorstellen könne, neben einem deutschen Philosophen im Panel zu sein, lautete einmal eine Anfrage an mich. Die Organisatoren und ich schwammen auf einer Wellenlänge, bis es darum ging, in welcher Höhe mein Honorar ausfallen sollte.

Das Argument: Der Auftritt sei für mich eine Chance, bringe große Sichtbarkeit, zudem sei das Budget durch den Philosophen aufgebraucht. 21, 22, 23 …

Statt klein beizugeben, nahm ich all meinen Mut zusammen und beendete die Verhandlung, bevor sie überhaupt begonnen hatte: »Ich nehme dasselbe Honorar wie der andere Gast!«

Dass mein »Mitstreiter« standardmäßig einen hohen Satz veranschlagte, war sowieso klar. Ich konnte nur gewinnen. Als Topping servierte ich eine Mir-doch-egal-Haltung, garniert mit meinem inneren *F*cking Hero.*

Next, bitte!

Obwohl ich am Ende den Honorar-Poker gewonnen habe und die Oberhand behielt, ärgerte ich mich über das Verhalten des Veranstalters. Man muss kein Mathegenie sein, um zu checken: Diese Rechnung würde nicht aufgehen. Die Chance auf Sichtbarkeit bei einem Panel gegen einen Auftritt zum Nulltarif? *Pleeeease* … Da lebe ich lieber damit, dass Frauen wie ich als geldgeil bezeichnet werden und den Hals angeblich nicht vollbekommen.

Solange solch ein Mindset herumschwirrt, wundert es mich nicht, dass Frauen, die sich aktiv mit ihren Finanzen auseinandersetzen, als eingebildet, unsympathisch und aufdringlich gelten.

Männer sind dagegen ambitioniert und Menschen, mit denen man gern arbeiten möchte. Wow …

Unverhältnismäßige Abhängigkeiten sind fies. Im Job und im Privatleben. Finanzielles Ungleichgewicht in der Ehe beispielsweise – ganz schlimm. Ein Ehevertrag muss her, gerade wenn man über Kinder nachdenkt. Wenn Frauen Care-Arbeit leisten, muss die Kerbe bezahlt werden. Die Rentenkasse füllt sich nicht von allein, und niemand von uns möchte in der Altersarmut landen.

Leider merke ich immer wieder, dass Geld und Finanzen viel zu selten auf den Tisch von Paaren kommen, obwohl man genau diesen täglich miteinander teilt. Und ich frage mich: Warum fehlt den Frauen der Mut dazu? Im besten Falle ist der Partner doch der Mensch, der einem am nächsten steht.

Ich hatte damit kein Problem. Meinen Vater trieb das Thema dennoch um. Als Marco und ich meiner Familie verkündeten, dass wir heiraten wollten, warf er ein: »Welchen Namen nehmt ihr an?« Direkt gefolgt von: »Behältst du dein eigenes Konto?«

Marco und ich besitzen je ein eigenes Konto, wir sorgen beide eigenständig vor. Um Diskussionen und ständiges Aufrechnen (wie anstrengend!) zu vermeiden, rate ich zu einem Gemeinschaftskonto für Miete, Versicherungen – kurzum, Fixkosten – und Unternehmungen.

Die Blaupause für das perfekte Beziehungsmodell in Sachen Finanzen kann ich dir nicht geben. Will ich auch gar nicht. Aber mir liegt am Herzen, dir mit auf den Weg zu geben, dass du das Thema »Finanzen« ansprechen musst. Im Austausch bleiben. Und – wenn's sein muss – harte Diskussionen führen.

Stell dich so auf, dass du dich wohlfühlst. Dass es euch gutgeht. Dass es für dein Leben stimmig ist. Aber vor allem: dass du frei, unabhängig und abgesichert bist.

Es gab Zeiten, in denen Marco mehr verdient hat als ich. Allein durch meine Vorträge und Moderationen bin ich ihm inzwischen voraus. Zumindest finanziell gesehen.

Während ich als Außenministerin unserer Firmen auftrete, ist Marco der Innenminister. Er organisiert und plant. Macht und tut. Hält das Team zusammen und mir den Rücken frei.

Jede*r von uns beiden trägt ihren*seinen Teil dazu bei, dass wir erfolgreich sind. Am Ende sind wir Geschäftspartner*innen und Lebenspartner*innen.

Egal, wie niedrig mein Kontostand auch war, ich war nie knausrig. Ich schenke gern, lade gern ein. Mit Sparsamkeit komme ich klar, aber Geiz? Geht gar nicht!

»Wenn du mit Geld geizig bist, bist du auch mit deinen Emotionen geizig«, sagte meine Mama einmal im Gespräch. Eine Botschaft, die bleibt. Deshalb: Sei nicht geizig – weder was deine Emotionen betrifft noch im Umgang mit Geld. Denk immer dran: (Geld-)Wissen ist Macht! Und auch:

> *»If I do a job in 30 minutes, it's because I spent ten years learning to do that in 30 minutes. You owe for the years, not the minute.«*

KAPITEL 4

Ich danke mir!

Vom Mut, selbst sein größter Fan zu sein

Wenn ich zu Hause bei meiner Familie in Karlsruhe bin, erzähle ich, welche Projekte aktuell bei mir anstehen. Außerdem schwelgen wir gemeinsam in Erinnerungen. Bei einem dieser Heimatbesuche fiel mir kürzlich mein altes Poesiealbum in die Hände. Darin steht: »Sei wie das Veilchen: sittsam, bescheiden und rein. Und nicht wie die stolze Rose, die immer bewundert will sein.« Eine Lebensweisheit von anno dazumal, die es bis in die 1990er-Jahre und in mein Poesiealbum geschafft hat. Für mich hätte besser gepasst: »Bescheidenheit ist eine Zier, doch weiter kommt man ohne ihr.« Eigenlob stinkt? Von wegen! Ich danke mir selbst. Warum? Das liest du gleich.

»Ich danke mir selbst« – genau diese Worte waren es auch, die Kenza Ait Si Abbou Lyadini wählte, nachdem sie den *Digital Female Leader Award (DFLA)* im Bereich IT-Tech gewonnen hatte. Der DFLA ist der Preis, den *Global Digital Women* jedes Jahr im Rahmen einer Veranstaltung verleiht, damit Expertinnen und Pionierinnen aus der Digitalbranche sichtbar werden.

Kenza nutzte diese Chance und die Bühne, um sich selbst bei ihrer Dankesrede an Stelle eins zu nennen und klarzumachen, dass sie ihr größter Fan sei – statt sich zuerst bei Familie, Partner*innen und (ehemaligen) Chef*innen zu bedanken (so wie es jede*r erwarten würde). Mich flashte das. Und wenn es möglich gewesen wäre, hätte ich allein für Kenzas Wow-Auftritt an diesem Abend einen Zuschlag auf den Ticketpreis verlangt. Self-Empowerment, wie es im Lehrbuch steht.

Klar ist nämlich: Natürlich besitzt dein Umfeld einen Anteil daran, dass du erfolgreich bist. Da sind Leute, die dir Türen öffnen, sich bei anderen für dich stark machen und dir helfen, dass du es in bestimmte Positionen schaffst. Wenn du deinen Weg und Karriere machen willst, kommt das größte Commitment jedoch immer von dir selbst.

Was hier logisch, banal und selbstverständlich klingt, braucht Mut, um es laut und vor vielen Menschen wie am Abend des *DFLA* auszusprechen. Kenza tat es. Mich beeindruckte ihre Dankesrede jedenfalls so sehr, dass ich sie in meine innere Mutmach-Schatzkiste aufgenommen habe. Und bei der nächsten Gelegenheit werde ich diese öffnen …

An manchen Tagen spule ich den Auftritt von Kenza Ait Si Abbou Lyadini vor meinem geistigen Auge ab. Weil ich rastlos bin und währenddessen vergesse, mir selbst zu danken. Ich verrate dir ein Geheimnis: Je höher ich auf die Erfolgs- und Karriereleiter geklettert bin, desto weiter wollte ich.

Keine Frage: Ich habe viel erreicht. Unternehmen aufgebaut. Eine tolle Partnerschaft. Meine Freund*innen sind super, und zu meinen Eltern pflege ich ein gutes Verhältnis, was für mich sehr prägend ist.

Bei jedem Meilenstein, den ich schaffe, müsste ich ein Feuerwerk anzünden und eine große Party feiern. Was passiert stattdessen? Statt Erfolge als Erfolge zu zelebrieren, verleiten sie mich dazu, noch mehr zu wollen.

Aufgabe A – Check.

B – Check.

C – Double-Check.

Höher, schneller, weiter, Tijen.

Die Geschwindigkeit, die ich vorlege – für viele schwindelerregend. Und trotzdem geht es mir nicht fix genug.

Kaum war mein Lippenstift »Red Tijen« auf dem Markt, spielte ich im Kopf alle weiteren Farben durch, die zu mir und meiner Community passen.

Das Buchmanuskript – fertig in knapp vier Monaten, ohne alle anderen beruflichen Termine abzusagen, mein Daily Business lief weiter. Und: Während das eine Buch noch in der Mache war, entwickelte ich in meinem Kopf bereits die Idee für das nächste.

Pausen und Erholung? Erlaube ich mir nur selten, weil es – bedingt durch meine soziale Herkunft – tief in mir sitzt, für meinen Erfolg einen großen Workload schaffen zu müssen. Weil ich Verantwortung für meine Firmen trage und weil ich – der wichtigste Punkt! – meine Arbeit liebe.

Ich lebe mein Unternehmertum aus innerstem Antrieb heraus, und das bringt mit sich, dass es mir schwerfällt, auf der Couch zu sitzen und nichts zu tun. Soll heißen: Wenn ich

Bücher lese, habe ich den Anspruch, mich weiterzubilden. Ich markiere mir wichtige Stellen und speichere sie in meinem Gedächtnis ab.

Ganz selten gönne ich mir eine Auszeit und schaue etwas zur leichten Unterhaltung an: *The Kardashians,* eine meiner Lieblingsserien. Und trotzdem: Während ich sie schaue, scanne ich alles:

Wie sehen die Kardashians aus?
Warum ist das Format so gut?
Was bringt es aus Branding-Sicht?

Kurz gesagt: Reines Genießen und nur im Moment sein? Nicht mein Ding. Was schlichtweg meinem Naturell, meiner knappen Zeit und meinem vollen Terminkalender geschuldet ist. Heute hier, morgen dort. Über die Jahre hinweg habe ich dieses Tempo aufgenommen und vergesse dabei dann und wann, bewusst aus der Achterbahn namens Unternehmertum auszusteigen, mir Zeit zu nehmen und zu sagen: *Thank, god!* Danke, dass es mich gibt.

Dankbar zu sein, das übe ich ganz bewusst. Und du kannst das auch! Indem du …

… Komplimente aushältst und annimmst.
Egal, ob es für den guten Job, den du machst, oder einen tollen Look ist. Bedanken, drüber freuen und aufschreiben! Bestes Heilmittel für schlechte Tage, sich an solche Komplimente zu erinnern. Dankbarkeits-Dosen in Mini-Form, quasi.

… Social-Media-Posts mit deinen Erfolgen formulierst.

Weil du stolz sein darfst auf das, was du erreicht hast. Ich weiß es zu schätzen, was andere für mich machen, und formuliere in meinen Posts auch immer, wer wann wie an meiner Seite ist. Im Gegensatz zu früher ist heute jedoch ein Punkt anders: Ich bin viel mutiger geworden, offen darzulegen, was *meine* Arbeit ist und wie hart sie sein kann. Heißt für dich: Formuliere klar, was du Großartiges geleistet hast. Dein Tun, deine Handschrift, dein Erfolg!

… kleine Erfolge wertschätzt.
Und sei es, dass du einen miesen Moment hinter dich gebracht hast. Die Woche. Den Vortrag. Das längst fällige unangenehme Gespräch mit dem*der Kolleg*in.

Denk stets daran: Das Leben, das du führst, steht und fällt mit dir, deiner Reflektion und deiner Dankbarkeit.

In Deutschland ist es verpönt, Dankbarkeit und Stolz in seiner DNA zu tragen. Gerade deshalb verdienen alle, die sich entscheiden, sich selbst zu danken, einen Nobelpreis oder einen Oscar. Und den *Digital Female Leader Award* sowieso. Kenza Ait Si Abbou Lyadini hätte bei der Verleihung des *DFLA* auch auf die Bühne gehen können und das machen, was alle erwartet haben – nämlich Lobeshymnen auf Arbeitgeber*innen, Abteilungsleiter*innen und andere singen. Ihr Move? Überraschend, selbstbestimmt, mutig. Den Satz »Ich danke mir selbst« auszusprechen, das muss Frau erst mal bringen, wo wir im deutschen Raum doch eher nicht auffallen wollen … Von mir bekommt Kenza hierfür jedenfalls 12 von 10 Punkten.

Selbstinszenierung gilt nämlich gemeinhin als böse. Gut ist dagegen, wer nicht sichtbar ist, ein Stück unter dem Radar fliegt und nirgendwo aneckt. Understatement eben. So wie es Sprüche für Mädchen in Poesiealben implizieren. Lieber ein Veilchen in der breiten Masse sein als die stolze Rose, die alle überstrahlt.

Dabei lässt sich ein kleiner, aber feiner Unterschied zwischen *Personal Branding* und *Selfie-Show* festmachen. Auch ich liebe Selfies (manchmal sogar aus dem Badezimmer), meine Selfies gehen jedoch immer mit Inhalten und Botschaften einher.

Dankbarkeit und Stolz bedeuten nicht, dass du wie ein Hahn oder eine Henne herumstolzierst und deinem eigenen Spiegelbild zuzwinkerst, sondern lediglich, dass du deinen eigenen Wert (er)kennst.

Apropos »Wert«: Hast du schon mal darauf geachtet, wie du mit dir selbst sprichst?

Wie sind deine Gedanken?

Wie redest du über dich?

Wie viel Raum gibst du deinen Ängsten?

Ängste sind legitim – am Ende kommt es darauf an, wie du mit ihnen umgehst und ob du daran wächst.

Dankbarkeit dir selbst gegenüber kann sich auch so ausdrücken, dass du gegen diese Ängste angehst und/oder dir etwas Gutes tust.

Ende 2022 habe ich mir beispielsweise Ziele für das Jahr 2023 gesetzt. Eines davon: Tanzstunden nehmen (und auch: dranbleiben, fleißig üben, es durchziehen). Ebenso auf meiner

Liste: ein externes Coaching. Mit dem Ziel: mir jemanden an die Seite zu holen, der mich begleitet.

Wichtig war mir, dass die Person nichts mit meinem Leben zu tun hat und mir Tools verrät, die mir beruflich helfen. Eine Person, die mir offen und ehrlich Feedback von außen gibt. Nachbohrt, nicht lockerlässt und mich infrage stellt. Gerade Letzteres – echt nervig und eine große Challenge.

Aber das bedeutet Dankbarkeit für mich eben auch: mich selbst in den Mittelpunkt zu stellen, jedes Mal aufs Neue den Mut aufzubringen, an mir zu arbeiten und persönlich und beruflich die nächsten Schritte zu gehen.

Frauen wie mir wird es übelgenommen, wenn wir sagen: »Ich bin die Beste.« »Warum ist sie so arrogant?«, höre ich dann hintenrum und über Dritte, die mir das Gerede zutragen. Gegenfrage: Warum sollte Frau nicht formulieren, dass sie in einem Bereich die Beste ist?

Dass sie es draufhat?

Dass sie keinen Grund sieht, sich kleinzumachen?

Ich persönlich sehe nichts Schlechtes daran, Werbung in eigener Sache zu machen, seine *Personal Brand* zu bilden, Fähigkeiten und Leistung in den Vordergrund zu stellen – und das auch genauso an- und auszusprechen.

Auch wenn dann der Neidfaktor ins Spiel kommt – mit Sprüchen wie: »Halt dich zurück«, »Du bist noch nicht so weit«, oder »Überdreh nicht gleich«.

Wie oft musste ich mir solche Vorwürfe anhören? Am Ende sagt das mehr aus über die Person, die kritisiert, als über mich. Mich irritieren solche Aussagen maximal. Und führen zu einer Trotzreaktion. Ich gebe solchen Hatern keinen Raum, realisiere, was ich alles erreicht habe, und mache meine nächsten Steps.

Du musst jedoch nicht dankbar sein,

... dass dein Arbeitgeber dich befördert.

... dass er Verständnis aufbringt, wenn du mal krank bist.

... dass dein Mann dir bei der Kindererziehung und im Haushalt hilft.

Es ist dein Verdienst, dass du da stehst, wo du bist.

Ohnehin wird einem als Frau ständig gesagt, man solle dankbar sein. Dankbar für den Job, die Sichtbarkeit, die Beförderungen. Dankbar für das Netzwerk, die Chance, die Möglichkeiten.

Und demütig soll man als Frau sein. Demütig für die Auszeichnung, den Platz am Tisch, die Chance, das eigene Projekt in einem Meeting präsentieren zu dürfen.

In der Zeit, in der ich in der Politik tätig war, bekam ich das fast täglich zu hören. Denn von außen wurde mir ständig gespiegelt, dass man mich im Speziellen förderte, man mich außerordentlich oft zu besonderen Terminen mitnehme und zu großen Anlässen einlade. Dafür sollte ich dankbar sein. Und demütig.

Damals dachte ich: Ja, stimmt, das muss ich auch sein.

Rückblickend weiß ich: Ich hab's nie infrage gestellt, ob wirklich andere für all das verantwortlich waren. Ich habe es angenommen, weil es mir so eingetrichtert wurde.

Logo – da waren Menschen, die *meine* Expertise, *meine* Energie und *mein* Talent bemerkt haben und sahen. Dafür bin ich dankbar. Auch für meine Familie, für meine Freund*innen und dafür, wo ich beruflich stehe. Für all das, was ich tagtäglich machen und wie ich mich verwirklichen kann.

In erster Linie jedoch bin ich vor allem *mir selbst* dankbar.

Meine Erfolge sind das Ergebnis davon, dass ich nach dem Hinfallen wieder aufgestanden bin.

Dass ich nach unzähligen Neins weitergemacht habe, oft allein auf weiter Flur.

Dass ich es geschafft habe, meine Träume und Ziele zu verwirklichen, trotz Rückschlägen.

»There is no elevator to success« – es gibt keinen Aufzug zum Erfolg, du musst die Treppen nehmen und jede einzelne Stufe selbst bewältigen.

Das Thema Dankbarkeit ist für mich unweigerlich mit dem Thema Haltung verbunden. Eine Haltung zu haben bedeutet, angreifbar zu sein. Eine Meinung, die unpopulär ist, gefällt nicht allen.

Stell dir einmal folgende Frage und antworte ehrlich darauf:

Willst du es allen recht machen, oder weißt du, wer du bist?

Dass du eine Haltung besitzt, bedeutet nicht, dass du unangefochten und fehlerfrei bist. Sondern nur: dass du genau weißt, wer du bist, wo du stehst, was du kannst. Glaub mir: Genau das strahlst du aus, und dafür kannst du dir selbst dankbar sein, weil es dich Stück für Stück nach vorn und nach oben bringen wird.

Sich selbst dankbar zu sein koppele ich unweigerlich an Stolz. Nicht aus Arroganz oder Hochnäsigkeit heraus, sondern aus bodenständiger und ehrlicher Dankbarkeit für das, was ich geleistet habe. Ja, darauf bin ich dann stolz.

Stolz kann jedoch auch negativ sein – wie bei mir früher, als mir mein Stolz ganz oft im Weg stand. Inzwischen bin ich besser im Umgang damit geworden, dass manche Dinge auch mal schieflaufen oder weniger glatt. Ich kann mich gut entschuldigen und auch mehrmals auf andere zugehen, wenn ich auf eines meiner Anliegen keine Antwort bekomme. Früher dachte ich: Pech für die anderen, nicht für mich! Heute werfe ich alle Bedenken, Vorurteile, Zweifel und Glaubenssätze über Bord – wenn ich etwas erreichen möchte, bleibe ich dran.

Nachdem ich 2017 *Global Digital Women* gegründet hatte, gründete ich 2022 *ACI Consulting.* Mit *GDW* konzentrieren wir uns auf Female-Empowerment-Events und Kampagnen für Unternehmen, mit *ACI Consulting* beraten wir in puncto Diversität. Alle Dimensionen von Diversität.

Wenn wir also mit unserer Beratungsfirma *ACI Consulting* Pitches verlieren, fragen wir nach, woran es lag und was wir falsch gemacht haben. Ganz häufig ist es der Preis, weil wir keine Dumpingpreise anbieten wollen, um den Auftrag zu gewinnen. Preis-Leistung muss für uns passen (by the way: auch eine Art der Dankbarkeit sich selbst gegenüber).

Am Ende des Tages werden wir alle aber nur besser, wenn wir die Gründe kennen und diese reflektieren.

Learning für dich: Absagen liegen nicht zwangsläufig an dir. Das sind Abhängigkeiten und Befindlichkeiten, die du nicht jedes Mal beeinflussen kannst. Kein Grund, dir an dieser Stelle nicht dankbar zu sein, für deinen Einsatz, für deine Mühe, für deinen Willen.

Wie du mit solch einem Feedback umgehst? Deine Wahl! Du musst nicht jedes Feedback annehmen. Du musst nur mutig genug sein, konstruktives Feedback von der Kritik zu unterscheiden, die dir absprechen will, du selbst zu sein.

Ich danke daher allen Frauen, die ihren Weg gehen, trotz aller Hürden, Schubladen und der ganzen Mehrfachbelastung. Ich finde, viel mehr Frauen könnten viel stolzer auf sich sein, sich selbst und ihre Erfolge feiern.

Bist du *ready to party?* Bring unbedingt dein Poesiealbum mit – schließlich haben wir einen Auftrag. Die kleinen Büchlein mit Sprüchen so zu befüllen, wie sie dem 21. Jahrhundert und uns angemessen sind.

KAPITEL 5

Ich warte nicht, ich frage

Mut zur Macht

Wie eisig der Wind der Macht ist, lernte ich, als ich mit Anfang 20 im Bundestag arbeitete. Unbedarft, vielleicht auch naiv, jedenfalls mit reinem Herzen, kam ich an einem meiner ersten Tage als Praktikantin zu einer großen Besprechung. Ich nahm direkt am Konferenztisch Platz, weil es der letzte freie Stuhl im Ausschussraum war. Wenn Blicke töten könnten, wäre ich heute nicht mehr unter euch. Zu sehr stieß es meiner Nebensitzerin auf, dass Klein Tijen sich in Reihe eins setzte. Ich ahnte nicht, dass die *Front Row* im Bundestag in Berlin begehrter ist als die der Fashion Week in Paris …

Es war der Tag, an dem ich mir schwor, niemals einen Unterschied zu machen.

Zwischen CEO und Praktikant*in.

Zwischen »*top*« und »*down*«.

Zwischen »Ich hier« und »Du da«.

Hierarchien dermaßen negativ auslegen und ausnutzen, nach oben buckeln und nach unten treten? Ein No-Go! Und der Grund, warum ich mein*e Kolleg*innen auch genauso vorstelle: als mein*e Kolleg*innen (und nicht als mein*e Mitarbeiter*innen!).

Damit möchte ich meinem Gegenüber vermitteln, dass mein*e Kolleg*innen Teil meines Teams sind und mit mir auf Augenhöhe agieren. Dass ich jede ihrer Entscheidungen mittrage, weil wir uns alle regelmäßig darüber informieren, was wo wie passiert. Falls ich das Gefühl habe, dass Geschäftspartner*innen und Kund*innen mit meinen Kolleg*innen nicht so umgehen wie mit mir, bin ich schneller von null auf hundert, als man sich vorstellen kann. *Don't mess with me …*

Zurück in den Bundestag. In der Dame neben mir rumorte es sichtlich. Ihre Mimik? Aus dem Gesicht geflogen!

Hören wir mal rein in das Gespräch:

»Darf ich Sie fragen, was Sie hier machen?«

»Ich bin Tijen, Praktikantin.«

Stille, Schweigen, darauf – in Zeitlupe – ein Schwenk der Dame nach rechts zur Nachbarin. Sie tuschelte mit ihr und drehte sich zurück in meine Richtung, die Augenbrauen so weit hochgezogen, dass sie fast unter ihrem Pony verschwanden und ich ihr ad hoc Permanent-Make-up anbieten wollte.

»Sie wissen schon, dass Sie hier nicht sitzen dürfen?«

»Ist das so?«, entgegnete ich. Ohne Anstalten zu machen, mich wegzubewegen. Begleitet vom nervösen Husten meines Büroleiters, der hektisch fuchtelnd in einer Ecke stand und dessen Gesichtsfarbe sich mehr und mehr meinem Lippenstift »Red Tijen« annäherte. Sosehr er es sich auch offensichtlich wünschte, so wenig tat sich der Boden unter ihm auf. Das Meeting mit mir im Premium-Seat nahm seinen Lauf. Ich war halt einfach da und wollte nicht mehr weg.

Schräg, irre, affig: Ich finde keine Worte, wie ich diesen Moment aus heutiger Sicht bezeichnen soll. Ich wurde aufs Übelste niedergemacht, meine Person angegriffen. Und das Schlimmste daran: Mir ist bewusst, dass das, was mir passiert ist, vielen anderen dort draußen widerfährt. Hunderttausendfach und jeden Tag. Mit dem Unterschied: Sie haben nicht zwingend die Möglichkeit, solche Szenarien ins breite Bewusstsein der Öffentlichkeit zu rücken.

Weil sie kleingehalten werden.

Weil sie Restriktionen fürchten.

Weil ihnen Mut zur Macht fehlt.

Was ich im Bundestag erlebte, sehe ich in meiner täglichen Arbeit immer wieder: Leute, die ihre Macht qua Position definieren.

Dass das eine Macht ist, die schnell kommt, aber genauso schnell wieder gehen kann, vergessen die meisten. Christian Wulff, für den ich im Bundespräsidialamt gearbeitet habe, ist das beste Beispiel dafür. Gestern noch der Held und mit seiner Ehefrau Bettina in der breiten Meinung jemand, der für ein neues, glamouröses Deutschland stand.

Heute schon ein Verlierer, der sich zum Rücktritt gezwungen sah und dem nur noch wenige vertrauten. Mit dem Ergebnis: Reportagen in Trash-Heften statt Platzierungen in Politik-Talks.

Unersetzbar, unbezahlbar und von unschätzbarem Wert sind für mich daher Menschen, die aufgrund ihrer *Wirksamkeit* mächtig sind.

Die echte Macher*innen sind und Themen vorantreiben.

Die eine Top-Expertise mitbringen und ein starkes Netzwerk besitzen.

Die Räume ausfüllen und sich über Inhalte definieren.

I am part of it!

Wenn ich morgen einen CV ausfüllen müsste, würde ich beim Punkt »Eigenschaften« schreiben: Bock auf Macht.

Um hier direkt mit ein paar Ammenmärchen aufzuräumen: Macht muss nicht zwingend negativ besetzt sein. Wer mächtig ist, verfügt nicht unbedingt über andere Menschen und setzt seine Macht auch nicht ohne Skrupel zum Nachteil anderer ein.

Machtgeil, machtbesessen, machthungrig, machtversessen: Wenn wir lange genug brainstormen würden, könnten wir mit Attributen der Macht ganze Lexika füllen. Oder Bullshit-Bingo spielen.

Dabei bin ich der beste Beweis (und viele andere sind es auch), dass Macht Gutes bewirken und Impact schaffen kann.

Die Voraussetzung: den Mut dazu mitbringen. Denn: Macht ist ein Instrument, das man aktiv an- und einnehmen muss.

Tschüss Komfortzone, hallo Wachstum!

Kennst du diese Listen, die zum Jahresende hin veröffentlicht werden? Newbies, Aufsteiger*innen, Absteiger*innen, Top-Manager*innen. Wer kommt, wer geht, wer bleibt?

Ich erinnere mich gut an den Moment, als eine der besagten Listen herauskam, mit der ich so gar nicht einverstanden war. Die Aufstellung war alles, aber nicht divers, nicht ausgeglichen und, ja, letzten Endes auch nicht fair.

Völlig unklar, welche Bewertungsmaßstäbe herangezogen worden waren.

Sicher war: Wäre ich ein Teil der Jury gewesen, wäre die Nominierung anders ausgefallen.

Ich ärgerte mich. Tagelang. Grübelte. Und tat dann das, was mir mein Innerstes sagte: Ich rief in der Redaktion an, weil ich a) die Kriterien für die Nominierung verstehen und b) meinen Beitrag dazu leisten wollte, dass im kommenden Jahr eine gerechtere Verteilung zu Papier kommt. Was bei der nächsten Aufstellung passiert? Lass dich überraschen …

Macht konsequent einzufordern, wie im Fall besagter Liste – das ist eine Eigenschaft, die ich von meiner Mutter geerbt habe. Als ich 16 Jahre alt war, hatte ich es mir in den Kopf gesetzt, beim damaligen Bürgermeister in Karlsruhe ein Praktikum zu machen.

Meine Mutter war es, die mich empowerte und meinte: »Wenn du das Praktikum willst, dann komm mit mir ins Rathaus, wir fragen nach einem Vorstellungstermin.« Meine Mum – Queen der Worte und der Taten – ging also mit mir ins Rathaus, wo wir spontan den Bürgermeister treffen konnten. Ich durfte mit in sein Büro, redete, argumentierte – offenbar so gut, dass er mir einen Praktikumsplatz zusagte. *Turkish power,* sag ich nur …

Heute weiß ich: Netzwerke sind mitunter die wichtigsten Machtinstrumente, die wir besitzen.

Für jemanden wie mich, der ohne Netzwerk geboren wurde, ist es ungleich schwieriger, in geschlossene Machtstrukturen einzutauchen als für Tennisplatz-Thomas und Golf-Günther. Es läuft viel hinter den Kulissen ab, und du musst wissen, wer wo sitzt, wer mit wem kann und was die geheimen Regeln sind.

Mächtige Menschen, Machtgefüge, mutige Auftritte: alles Faktoren, die dir dabei helfen aufzusteigen – oder eben nicht.

Wenn wir sagen, dass es grundsätzlich darum geht, (mutig) Macht zu erlangen, sind (Frauen-)Netzwerke ein ganz wichtiger Part davon. Oft werde ich gefragt, wie man am besten sein Netzwerk pflegt, um mächtig zu werden.

Nummer eins: Es hilft, Menschen zu kennen, die einem die Türen öffnen.

Nummer zwei (und das finde ich wichtiger): Den ersten Schritt musst du selbst gehen. Egal, ob es eine Mail, ein Telefonat oder ein Gespräch auf einer Veranstaltung ist, wofür du deinen ganzen Mut sammeln musst, um die Person anzusprechen, die dir in Zukunft Türen öffnen kann.

Überlege dir an dieser Stelle erst einmal genau, was du willst:

Geht es darum, etwas zu lernen?

Möchtest du den Job wechseln?

Planst du den Schritt in die Selbstständigkeit?

Egal, was deine Intention ist, es lohnt sich in jedem Fall immer, in dein Netzwerk zu investieren – nur so gelingt es dir, Teil der Macht zu werden. Auch ich habe mir das über viele Jahre aufgebaut.

Dabei gilt: Qualität schlägt Quantität! Der größte Netzwerkmythos lautet nämlich: Je mehr Kontakte, desto besser. Viele sammeln um des Sammelns willen. Dabei kommt es nicht darauf an, dass du ewig viele Kontakte in deinem Handy oder auf LinkedIn vereinst, sondern die für dich genau richtigen.

Vergiss also nie: Ein Netzwerk lebt nicht von Tausenden von

Kontakten, sondern von denen, die dich begleiten und umgekehrt: denen du etwas zurückgeben kannst.

Leute, die dir vertrauen, geben dir a) Informationen, an die du sonst nicht kommen würdest, und b) promoten dich, pushen dich und schlagen dich für Stellen vor, die Macht mit sich bringen.

Sneak-Peak: Nicht nur an den Höhepunkten deiner Karriere wirst du dein Netzwerk zu schätzen wissen, sondern vor allem an den Tiefpunkten.

Darum sind auch diese Fragen immer hilfreich:

Wie stabil ist mein Netzwerk?

Auf wen kann ich zählen?

Wer ist an meiner Seite, wenn ich gerade keine Erfolge feiere?

Netzwerken heißt Wertschätzung. Es bedeutet, dass ich lerne und mein Wissen teile. Ohne direkt eine Gegenleistung zu erwarten. Im Idealfall helfe ich Person A, die wiederum Person B unterstützt, um danach Person C zu supporten, die irgendwie, irgendwo, irgendwann zum*zur Fürsprecher*in für mich werden kann. *The circle of networking,* der wirkungsvolle Kreislauf des Netzwerkens!

Karma nennt sich das sonst auch – ich lieb's. Ebenso wie mein Nazar-Amulett, die blauen Augen, die in der Türkei und in Griechenland getragen werden, um böse Blicke abzuwenden. Ob es in Sachen Macht hilft? Das kann ich wissenschaftlich leider nicht bestätigen. Aber hey, es schadet sicher nicht!

Ich selbst greife auch auf einen inneren Netzwerkkreis an Menschen zurück, sie begleiten mich schon lange. Mentor*innen, Ratgeber*innen, Menschen, die ich in jeder Situation um Hilfe bitten kann und denen ich im Gegenzug beistehe, wenn sie mich brauchen. Das ist eine Handvoll Menschen, denen ich zu hundert Prozent vertraue und bei denen ich mich nicht scheue, sie per Sprachnachricht vollzuheulen, wenn es mir nicht gutgeht.

Ein anderes Beispiel: mein Hintergrundkreis mit Vorständinnen, Aufsichtsrätinnen und CEOs, die sich in regelmäßigen Abständen in einem geschützten Raum treffen.

Jedes Mal, wenn sich auf meine Einladung hin mein persönliches »Best of« der deutschen Wirtschaft in einem Hinterzimmer einer geheimen (wechselnden) Location trifft, komme ich aus dem Grinsen nicht mehr heraus.

Weil ich sehe, wie sich die Frauen gegenseitig tragen, unterstützen und empfehlen.

Weil ich es schaffe, meinen eigenen Entscheidungstisch zu bauen.

Weil ich mit der Praktikantin Tijen aus dem Bundestag zum High-Five einschlagen möchte, weil sie bereits in jungen Jahren mutig genug war, sich nicht von ihrem Weg abbringen zu lassen und am Tisch sitzen geblieben ist. Tschakka!

Nach unfassbar viel Arbeit, unzähligen Absagen und unfreundlichen Zurückweisungen kann ich dir aus dem Effeff sagen, wo die Macht sitzt, wer in der Wirtschaft die Strippen zieht, wo der Einfluss steckt, weil ich mutig drangeblieben bin. Rund läuft es auch bei mir nicht immer, aber ich weiß mir zu helfen. Indem ich mutig um Hilfe bitte, indem ich mutig agiere (nicht reagiere!) und indem ich auf Veranstaltungen gehe, für die ich eigentlich keine Zeit habe, aber die Diversität dringend nötig haben.

Mein Appell: Hab den Mut, selbstbestimmt Räume einzunehmen. Oder, noch besser: Baue deine eigenen *Machtzirkel*, dein eigenes Team, deinen Unterstützungskreis, so wie ich mit meinem Hintergrundkreis.

Kurzer Zwischenstand also:

Frauennetzwerke machen uns stark, weil wir unsere Power und unsere Macht bündeln können. Sie sind wichtig und richtig, aber noch mehr wiegt es, sich als Frauen gegenseitig zu pushen. Nicht nur auf Events nebeneinanderstehen, Fotos machen und anschließend in der Instagram-Story teilen. Gegenseitiger Support ist easy und wirklich wichtig. Manchmal zeigt es sich im Kleinen, wenn es darum geht zuzuhören. Manchmal im Größeren, wenn es Kampagnen betrifft.

Das ist die eine Seite.

Die andere: Ein gutes Netzwerk zeigt sich in der Krise, steht in einem meiner anderen Bücher. Es ist aber viel mehr als das. Es zeigt, wie mächtig und belastbar Beziehungen sind, wie sehr Menschen an dich glauben und sich nicht nur mit dir treffen, weil du jetzt gerade on vogue bist.

Wenn du nix mehr hast, keinen Titel, keine Position, kein Unternehmen, einfach nur du bist, zeigt sich, wer da ist und wer nur aufgrund von allem anderen da war.

Die größte Macht: Unterstützung, wenn alles den Bach runtergeht, nicht nur, wenn es super läuft.

Übrigens: Niemand wacht auf und ist plötzlich mächtig. Jede*r kann seinen Teil dazu beitragen, und – ich weiß, es kostet Mut, Zeit, Nerven und Mühe – du wirst es für dich selbst in die Hand nehmen müssen.

Die Macht neu umzuverteilen gelingt uns auch mit Female Empowerment. Fünf Schritte, die du täglich umsetzen kannst:

1. Andere Frauen aktiv platzieren!
   Ich pflege eine Liste von Speakerinnen, die ich immer wieder vorschlage, wenn Veranstalter*innen mich fragen, ob ich Frauen kenne, die eine Expertise in unterschiedlichen Bereichen haben. Wer jemanden aus meiner Datenbank braucht, *call me!*
2. Andere Frauen für Jobs vorschlagen!
   Für eine Beiratsposition, die für mich nicht das Richtige war, brachte ich eine andere Frau ins Rennen. Auch bei dir kommt es mit Sicherheit mal vor, dass du (Stellen-)Angebote nicht annehmen kannst – trage sie weiter in deine (Frauen-)Community.
3. Anderen Frauen Sichtbarkeit geben!
   Als ich 2022 in der Jury des FOCUS-Magazins für »Die 100 Frauen des Jahres« saß, rief ich bei LinkedIn dazu auf, Frauen in den Kommentaren zu taggen. OMG, innerhalb kürzester Zeit Tausende Vorschläge, Kommentare und persönliche Nachrichten!
4. Anderen Frauen zu Umsatz verhelfen!
   Mein Make-up – machen Laura und Patricia. Das Styling – Alice. Die Fotos – Andrea. Ich gehe zur Hausärztin, zur Frauenärztin, zur Zahnärztin! Tanzen, Beauty, Haare, Weiterbildung: Alles Frauen, die ich in ihrem Business unterstütze, indem ich ihre Kundin bin und zudem öffentlich darüber spreche, wie gut und professionell ich mit ihnen zusammenarbeite.

5. Seite an Seite auf Social Media zueinanderstehen!
Mit jedem Like, mit jedem Kommentar, mit jedem Teilen einer Story klappt das. Achtung: Sei bitte auch da, wenn die andere angegangen oder angegriffen wird. Digitale Solidarität ist auch Solidarität. Natürlich wird ein Like oder ein Kommentar nicht alles sofort verändern, aber du kannst helfen, indem du Aufmerksamkeit gibst.

Womit wir bei einer weiteren Säule der Macht sind: Social Media. Dafür braucht es Mut. Weil man präsent ist. Aneckt. Sich mit anderen auseinandersetzen muss.

Bei mir fing alles mit Twitter/X an, weil ich dachte: Wenn du Twitter/X verstehst und mit 280 Zeichen Messages auf den Punkt bringen kannst, verstehst du alles. Auf Instagram, LinkedIn und Co. poste ich nicht nur meinen Content, ich folge auch anderen, lese und teile deren Beiträge und erreiche damit Millionen Menschen.

Social Media ist DAS Macht-Must der Neuzeit und eignet sich perfekt dafür, deine eigene Geschichte zu erzählen – bevor es jemand anderes tut. Du bist es, die auf diese Weise die Lautstärke deiner Geschichte regeln kann.

Laut sein – wenn dir danach ist.

Leise sein – wenn du nur bestimmte Menschen ansprechen möchtest.

Es ist:
deine Reichweite,
deine Sichtbarkeit,
dein Erfolg!

Einen Weg haben wir auch noch zu gehen, was die Macht der Worte angeht. Sprache und Worte sind und bleiben mächtig. Sie auszusprechen und zu diskutieren? Nicht einfach und auf dem Mut-Level ganz oben angesiedelt!

Schon mal von Karriere- und Powermännern gehört? Eben! Begriffe, die es in unserem Wortschatz nicht gibt.

Warum das so ist? Ich glaube, dass mit Begriffen wie »Power-« oder »Karrierefrau« einfach noch mal betont werden soll, dass es die Frau w-i-r-k-l-i-c-h geschafft hat. So richtig. Und dass es für Frauen einmal mehr diese Schublade braucht.

Ich freue mich auf den Tag, an dem wir Artikel über Karriere- und Powermänner lesen. Oder, noch besser: An dem wir die Wörter »Karriere-« und »Powerfrau« aus unserem Gedächtnis killen. Weil das bedeuten würde: Frauen sind frei, unabhängig und können endlich selbstbestimmt Machträume einnehmen und neu definieren, ohne verurteilt zu werden.

Ich bin ein Riesenfan von Frauen. War ich schon immer, was nicht heißt, dass man jede Frau exorbitant in den Himmel loben muss. Aber ich finde: Dass Frauen sich das Leben gegenseitig schwer machen, ist schade und sicher nicht im Dienst der Sache. Wir müssen uns jetzt auch nicht alle gegenseitig vergöttern, aber der Weg zur Macht kann uns nur gelingen, wenn wir die Fahne für Frauen gemeinsam hochhalten.

Viele vergessen: Eine Frau an der Spitze bereitet den Weg für die anderen. Ich bin der festen Überzeugung, dass es nicht reicht, davon auszugehen, dass es einfach so mehr Frauen an der Spitze in Unternehmen, in Führungspositionen und als

Gründerinnen gibt. Wir müssen uns aktiv füreinander einsetzen, damit Macht in Zukunft nicht nur unter Männern ausgetauscht und umverteilt wird.

Das ist der Grund, warum ich seit drei Jahren vornehmlich in Start-ups investiere, die von Frauen gegründet wurden. Ich weiß selbst: Investments laufen über Netzwerke. Wer kennt wen und wie lange? Da viele Netzwerke aus Männern bestehen, investieren eben Männer auch in Männer. Ich bin angetreten, das zu ändern und die Verantwortung für eine Verschiebung der Macht zu übernehmen.

Oft höre ich, dass Frauen sagen: »Ich will nicht in der ›Diversity-Ecke‹ landen.« Schau mich an, es geht beides: dass ich mich inhaltlich positioniere und trotzdem für Geschlechtergerechtigkeit starkmache (zumal Diversity auch ein inhaltliches Thema ist).

Sichtbarkeit heißt nicht nur, Sichtbarkeit für mich, sondern vor allem auch für andere. Für andere Frauen. Für andere, die nicht gehört oder gesehen werden.

Jede Frau ist ein *Role Model,* auch du. Ob du es willst oder nicht, die Kollegin schaut dir zu, die Freundin, die du inspirierst und motivierst – vielleicht ohne es zu wissen.

Mit der Sichtbarkeit kommt allerdings die Angreifbarkeit.

In regelmäßigen Abständen werde ich gefragt: »*How do you deal with Haters?*«

I don't.

Und nach Macht zu greifen heißt eben auch, angreifbarer zu werden. Dazu musst du gar nicht viel tun, es reicht, wenn du die Einzige im Raum bist. Die einzige Frau, die einzige Person mit Migrationsgeschichte, die Einzige, die ihre Meinung preisgibt. Ich habe schnell verstanden, dass ich sichtbar bin, ohne das anfangs zu forcieren, und dass ich nicht jedem gefallen kann.

Irgendwann beschloss ich, es auch nicht mehr zu wollen. Denn: Warum kann ich nicht einfach so akzeptiert werden, wie ich bin?

Es wird stets Menschen geben, die dich nicht mögen, weil du zu viel oder zu wenig bist. Und es wird auch oft so sein, dass es gar keine rationalen, sondern eher emotionale Gründe sind. Du triggerst etwas bei den Menschen und löst etwas in ihnen aus. Und auch wenn man das alles weiß, möchte man manchmal einfach nur in sein Kissen weinen (habe ich auch oft gemacht!). Aber es lohnt sich, genau diesen Menschen nicht die Macht über dein Leben zu geben und weiter selbst zu entscheiden. Ein Prozess, ich weiß.

Was ich dir mitgeben möchte: Setz dich mutig ein für deine Rechte – und außerdem für die Rechte deiner Mitstreiterinnen. Denn ich bin leider überzeugt: Wenn es hier einen Schritt nach vorn geht, was die Selbstbestimmung der Frau betrifft, geht es irgendwo anders auf der Welt einen Schritt zurück. Rund um den Globus sehen wir, wie Frauenrechte tagtäglich beschnitten werden. Das zeigt, wie wichtig der Einsatz von uns Frauen für Frauen ist. Wie sehr wir uns weiter für die Freiheit und die Selbstbestimmung des weiblichen Geschlechts einsetzen müssen. In jeder Branche. In jedem Alter. Überall auf der Welt. Eine für alle, alle für eine. Der Weg, der noch vor uns liegt, ist ein langer.

Ich habe mir vorgenommen, mit jedem meiner öffentlichen Auftritte genau darauf aufmerksam zu machen.

Behalte das Folgende immer im Hinterkopf: Wenn du noch keine Macht hast und unterschätzt wirst, bedeutet das nur, dass du mit der Zeit weiter mutig an dem arbeitest, was du erreichen willst. Und je mehr wir sind, die nach der Macht greifen, desto mehr wird sich auch verändern: in der Wirtschaft, in der Politik, in unserer Gesellschaft. Denn Vielfalt heißt nicht eine. Vielfalt heißt viele.

KAPITEL 6

Wer klein denkt, bleibt auch klein

Vom Mut, groß zu denken

»*What would you do, if you weren't afraid?*« Diesen Spruch habe ich oft gelesen – auf Tassen, auf Postkarten und überhaupt. Und er passt einfach zu gut!

Denn: Kennst du das? Du hältst dich selbst klein (oder wirst klein gehalten), und du denkst: *Das pack ich nicht, das schaffe ich nicht, das geht ja überhaupt mal gar nicht.* Lieber nicht groß träumen, nichts riskieren ... Ach, komm! *Run the world (girls)!*

Auf meiner ersten USA-Reise mit einer internationalen Delegation im Leadershipprogramm lernte ich neben Laurence, meinem Best-Practice-Beispiel in Sachen Mode, auch Dina kennen, eine tolle Frau aus Ägypten. Damals arbeitete ich noch in einem Angestelltenjob, und ich war gerade dabei, das Thema »Female Empowerment« und »Female Networking« für mich zu entdecken. Hobbymäßig hatte ich dazu einen Stammtisch gegründet und ahnte nicht, dass daraus später die Events von *Global Digital Women* und damit auch meine anderen Unternehmen wachsen sollten.

Dina lebte ein komplett anderes Leben als ich. Frei, ohne Konventionen, selbstbestimmt. Ohne Zögern, ohne Zaudern. Mut war gebrandet auf den Namen – Dina.

Ich erzählte ihr, dass ich mich gern selbstständig machen würde, aber Angst hätte. Angst vor dem Scheitern, Angst vor den unsicheren Finanzen – und ja, vor allem Angst davor, dass es nicht funktionieren und ich versagen würde.

Dina stellte mir nur drei Fragen:

Was würdest du tun, wenn du keine Angst hättest?

Warum hältst du dich zurück?

Was brauchst du, um Erfolg zu haben?

Fragen, die ich direkt an dich weitergebe und die du für dich selbst beantworten kannst.

Genau mit diesen Fragen habe ich mich beschäftigt, bin sie immer und immer wieder durchgegangen. Bis ich zu dem Schluss kam: Niemand wird diese Entscheidung – die Entscheidung, ins kalte Wasser zu springen – für mich treffen. Und wenn ich es nicht mache, werde ich nicht wissen, wie es ist, ob es funktioniert und mein Plan aufgeht.

Daraufhin habe ich gegründet, ohne zu wissen, wie es wird. Ohne Back-up, ohne Netz und doppelten Boden, ohne einflussreiche Familie im Hintergrund, die im Geld schwimmt.

Hätte ich den Mut zur Gründung nicht gehabt, wäre ich heute nicht da, wo ich bin. Denn: Wer klein denkt, bleibt auch klein.

Ich schreibe alle meine Ziele, aber auch alle meine Erfolge auf. Immer dann, wenn es mir bescheiden geht, schaue ich mir das Journal durch, das gibt mir Kraft und Energie.

Bereits vor Jahren hatte ich auf meine Bucket List geschrieben, dass ich Melinda Gates treffen möchte. Wann immer ich in Interviews nach einem Wunsch-Berater*innenteam um mich herum gefragt wurde, nannte ich den Namen Melinda Gates als mein Teammitglied – *#Iwish!*

Für mich ist Melinda Gates ein echtes Role Model! Ich fand sie schon immer großartig, weil sie ihre Präsenz und ihre Stärke für Geschlechtergerechtigkeit, Diversität und Empowerment einsetzt.

Mich beeindruckt, dass sie als Informatikerin sehr erfolgreich in einer (noch immer) männerdominierten Branche gearbeitet und schon Anfang der 1990er-Jahre die *Bill & Melinda Gates Foundation* mitgegründet hat.

Zur dazugehörigen *Goalkeepers*-Konferenz werden Leader*innen aus aller Welt eingeladen, die gesellschaftspolitische und wirtschaftliche Themen vorantreiben. Die Community besteht aus Menschen, die sich weltweit für Diversity und Nachhaltigkeitsthemen einsetzen, also in ihren jeweiligen Ländern echte Veränderungen anstoßen. Hier meinen Namen auf der Gästeliste zu lesen – noch so ein Bullet Point auf meiner Bucket List. Ich habe mir gewünscht, dort Einblicke für meine Arbeit mit *Global Digital Women* und *ACI Consulting* zu bekommen.

Träume sind die eine Sache, sie in die Realität umzusetzen, die andere. Ich wollte Melinda Gates persönlich treffen, egal wie. Ich wollte aktiv daran arbeiten – es nicht nur in meinem Büchlein festhalten und es zuklappen und verträumt in die Ecke stellen.

Wahrscheinlich verdrückte ich auch deshalb ein paar Freudentränchen, als ich im September 2022 am Münchner Flughafen stand. Mein Koffer vollgepackt mit Klamotten, das Herz mit Vorfreude. *Ready for Take-off* nach New York, zum allersten Mal in meinem Leben.

An Board genoss ich buchstäblich jede Flugmeile und dachte daran, wie ich es überhaupt geschafft hatte, dass mein Traum in Erfüllung geht. Eigentlich waren es drei:.

1. Ich flog nach New York, wohin ich schon immer wollte.
2. Ich würde Melinda Gates treffen.
3. Ich war auf die *Goalkeepers*-Konferenz der *Bill & Melinda Gates Foundation* eingeladen.

Dahinter steckten Self-Empowerment, Wachstum, Scheitern, Unternehmensaufbau, Erfolge und Misserfolge. Das Ergebnis jahrelanger Arbeit.

Bereits drei Jahre zuvor, 2019, hatte ich auf einer Veranstaltung eine Mitarbeiterin aus dem deutschen Presseteam von Melinda Gates kennengelernt. Wir unterhielten uns super und tauschten Nummern aus, was es mir möglich machte, den Kontakt intensiv und über ein Jahr lang zu pflegen.

Die Folge: eine Idee, gemeinsam etwas mit meinem Unternehmen *Global Digital Women* und der *Gates Foundation* auf die Beine zu stellen – bis Corona kam und alles durcheinanderwirbelte. Alles auf Anfang, zurück auf Los. Genau mein Ding … nicht. Ich war ziemlich traurig – und trotzdem blieb mir durch die äußeren Umstände und die weltweite Pandemie nichts anderes übrig, als das Thema loszulassen.

Fair enough, dass man nicht alles im Leben direkt bekommt. Was du tun kannst:

- Den Dingen Zeit lassen und sie immer wieder anschieben. Mit Verbissenheit kommst du nicht weiter, den Boden kannst du aber immer bereiten.
- Sichtbar sein und dein Netzwerk pflegen. Im Eins-zu-Eins, im Unternehmen, auf Social Media.
- Reflektieren, einmal pro Woche! Frage dich, was du diese Woche für deinen Traum getan hast.

… *Offenbar nicht genug,* schoss es mir als Erstes durch den Kopf, als ich Monate später durchs Internet surfte und sah, dass Melinda Gates ein *Female Dinner* ausgerichtet hatte. In Deutschland, ohne mich. Jepp, das saß.

Ich war wirklich enttäuscht. Ich verstand es schlichtweg nicht, warum ich außen vor gelassen wurde, und überlegte lange, wie ich reagieren könnte.

Die einzige Antwort: für mich auf- und einzustehen, indem ich eine Mail an die mir ja bekannte deutsche Pressevertreterin von Melinda Gates schrieb. Ich machte mir selbst Mut, obwohl mir überhaupt nicht nach Mut war und mich große Ängste plagten, ob ich die richtige Entscheidung treffen würde.

Das anschließende Telefonat dauerte nur kurz, weil schnell geklärt war, dass diese Mitarbeiterin längere Zeit krank gewesen war und mich deshalb nicht am Tisch des *Female Dinners* hatte platzieren können.

Ich brauchte einige Tage, um das zu verdauen.

Viele Menschen warten auf den perfekten Moment. Um sich zu bewerben, um eingeladen zu werden, um eine Mail zu schreiben. Dabei zählt nur eins: Das Jetzt – *time is now.*

In diesem Fall waren es Pech, unglückliche Umstände und ein doofer Zufall im entscheidenden Moment, schließlich hatte ich mit der Pressesprecherin Kontakt aufgenommen und gehalten. Dass ich nicht eingeladen war, war einfach dumm gelaufen.

Ich will mein Leben selbst in die Hand nehmen, es verändern und alles möglich machen. Also: Hinfallen, wütend sein, enttäuscht sein – aber dann wieder aufstehen und weitermachen.

Als dann schließlich im Sommer 2022 per Mail die Einladung zur *Goalkeepers*-Konferenz kam, dachte ich auf den ersten Blick, es sei einfach der Newsletter der *Gates Foundation,* den ich abonniert habe. Nachdem ich die Mail jedoch gelesen hatte, vermutete ich eine gut gemachte Spam-Nachricht dahinter.

Über die Jahre hatte ich mich in meinen Wunsch, Melinda Gates zu treffen, so verbissen, dass ich wie ein Medium Erscheinungen hatte. Fata Morganas, wie sie im Lehrbuch standen. So dachte ich jedes Mal, wenn der Newsletter mit »Liebe Tijen, Post von Melinda …« in meinem E-Mail-Account landete: *OMG, sie schreibt mir und möchte mich sehen!* Leichte Reinsteigerung – ich weiß!

Dieses Mal war es anders, die Nachricht war wirklich an mich persönlich gerichtet und echt.

Mit dieser Einladung wurde mein Traum wahr. Es war ein Resultat von all dem, was ich gemeinsam mit meinem Team bei *Global Digital Women* und *ACI Consulting* auf die Beine gestellt hatte.

Ich durfte also bei der *Goalkeepers*-Konferenz dabei sein. Was für ein Privileg! Ich, Tijen, geboren in Karlsruhe, aufgewachsen in Downtown Karlsruhe, war nun eine der Community.

Diese Menschen, diese Inhalte, diese Vielfalt! Es war megaspannend, in NYC andere Köpfe zu treffen, mit denen ich über Diversity sprechen konnte, und festzustellen: Deutschland ist sooooo *hinterher.* Ich bekam neue Impulse, erfuhr, wie es andere Länder machen – aber auch, dass Frauen weltweit um ihren Platz am Tisch kämpfen.

Ich war endlich in New York – zugegebenermaßen schlaflos –, ich hatte mich meinen Ängsten gestellt. Aber Angst kann nicht mein Ratgeber sein.

Ich möchte meine Zukunft aktiv gestalten, nicht die Vergangenheit verwalten. Auf zwei Wörter heruntergebrochen: *Choose Go!* Und wenn es »nur« um eine Mail geht, bei der du auf »Senden« drückst.

Mit meiner Sichtbarkeit und meinem Weg will ich zeigen:

Es ist schwer – und ja, es macht derzeit in der Wirtschaft noch einen Unterschied, ob ich Thomas oder Tijen heiße –, aber es lohnt sich.

Ich möchte Mut machen, Inspiration geben und dich empowern.

Glaub an dich, auch wenn es niemand anderes tut.

Wenn du gerade dabei bist, dich selbst kleinzumachen, zu limitieren, weil du Angst hast zu scheitern, zu versagen oder nicht ernst genommen zu werden, dann kann ich dir nur sagen: Hab den Mut, etwas zu machen, wovon du nicht weißt, wie es wird.

Im Zweifel wird es gut. Und was es immer wird: ein Learning auf dem Weg, dich noch besser kennenzulernen!

Das hier geht deshalb raus an alle:

die in ihrer Familie auch die Ersten sind. *You can!*

die ein Unternehmen gründen wollen oder gegründet haben und sich fragen, ob sie es je schaffen werden. Du wirst!

die gerade durch eine schwere Phase gehen. Es geht weiter, es wird besser, und es ist nicht das Ende.

Auch wenn du denkst, es wird nie klappen, alles kommt zu dir, wenn du weitermachst, dir selbst treu bleibst und an deinen Zielen arbeitest. Wenn nicht sofort, dann zu einem späteren Zeitpunkt.

New York war krass. Ich war so happy, dass ich das alles erleben durfte und mir den Aufenthalt leisten konnte. Wo mir in meiner Schulzeit kein Auslandsjahr vergönnt gewesen war, mir das Geld für Praktika im Ausland gefehlt hatte, ich keine Kohle gehabt hatte, um mir Reisen wohin auch immer zu ermöglichen.

Selbst als ich erwachsen war, waren irgendwie alle um mich herum schon einmal in New York gewesen, nur ich nicht. Und nun also doch! New York! *»If I can make it there, I'll make it anywhere …«*

Zwei Tage sog ich auf der *Goalkeepers*-Konferenz alles auf (ja, hier gab es Leute, die ihre*n eigene*n Stylist*in dabei haben!), dann tauchte ich in der Stadt ab. Ich lief durch SoHo, besuchte Cafés, shoppte die coolsten Looks und machte ein Reading bei einer Astrologin. *Living my best live!* Ich fühlte New York so sehr!

Meine Reise war kein Zufallsprodukt, ich hatte aktiv daran gearbeitet, meinen Traum zu verwirklichen.

Ich hasse es, limitiert zu sein. Kein *Hätte, Könnte, Sollte* – sondern machen! Und zwar jeden Tag, wenigstens ein bisschen.

Auch ich stehe nicht jeden Morgen auf und fühle mich genial, dann erinnere ich mich aber daran:

- Baby-Steps sind auch Steps.
  Jeder noch so kleine Schritt zählt! Manchmal ist es, ein Telefonat zu erledigen, am anderen Tag reicht es, nur die nächsten Arbeitsstunden bis zum Feierabend zu überstehen. Alles bringt dich deinem Ziel näher, und du kannst, nachdem unangenehme Dinge abgeschlossen sind, Kraft und Energie tanken.
- *No risk, no fun,* den Mutigen gehört die Welt!
  Überleg dir die absurdesten Sachen, um dein Ziel zu erreichen, ohne dich zu schämen. Denk nie: *Das ist zu krass!* Selbst wenn du deinen eigentlichen Wunsch nicht realisiert bekommst, wirst du im Laufe deines Weges andere Erfolge in seine Richtung feiern.

Bester Beweis: meine eigene *Barbie.* Nur fürs Protokoll: Ich habe meine vor der Queen bekommen. Anfangs checkte ich gar nicht, was für ein großes Ding das war – aber mein Umfeld flippte förmlich aus, als die Nachricht die Runde machte, dass ich Teil der Kampagne *»Barbie celebrates role models«* bin. Die Kampagne ehrt weltweit weibliche Role Models mit einem Barbie-Unikat für ihre Arbeit. Tijen als Barbie – klingt verrückt, ist es auch. Die Auszeichnung kam wirklich unerwartet.

Dabei war *Barbie* durchaus ein Teil meiner Kindheit und sogar meines späteren (beruflichen) Lebens. Damals schnitt ich ihr die Haare, in der Hoffnung, dass diese wieder wachsen, und malte ihr Gesicht an, im naiven Vertrauen darauf, dass der Kugelschreiber wieder weggeht.

Später, in unserer Beratung, habe ich *Mattel* und explizit *Barbie* immer als Vorbild in Sachen Diversity genannt. Schon früh hat *Mattel* auf verschiedene Berufe, People of Colour, unterschiedliche *Barbies* gesetzt. Damit ging das Unternehmen mit dem Zeitgeist und steigerte den Umsatz.

Und nun also *Barbie* Tijen, die im Frühling 2022 bei uns einzog und seither im Wohnzimmer steht. Gleich neben den Preisen, die ich im Wirtschaftsumfeld bekommen habe. Kleine Puppe, große Wirkung!

Das Leben ist nicht immer so rosarot wie im *Barbie Dreamhouse.* Und es ist auch kein Disneyfilm, bei dem dich am Ende der Prinz auf dem Schimmel rettet. Du darfst deine eigene Geschichte schreiben und dein eigener Held, deine eigene Heldin sein.

Wie oft habe ich gehört, dass kein Unternehmen Geld dafür ausgeben wird, Frauen zusammenzubringen – widerlegt mit den Events von *Global Digital Women.*

Wie sehr bin ich beim Thema »Diversity« belächelt worden – heute eines DER gesellschaftspolitischen Themen.

Diversity ist kein Trendthema, es ist ein Markt, den wir mit meiner Beratungsfirma *ACI Consulting* beherrschen. Wir sind die einflussreichste und kompetenteste Beratungsfirma im Bereich Diversity im DACH-Raum.

Das Erreichen von Zielen, das kann dauern, aber es lohnt sich, für sich und seine Visionen einzustehen. Nur weil die Leute es sich nicht vorstellen können, kannst du trotzdem deinen Traum Wirklichkeit werden lassen.

Halte durch!

Sei Feuer und Flamme für deine Beförderung.

Glaub daran, dass dein*e Gründer*in-Idee *the next big thing* ist.

Setz deine Weltreise um – selbst wenn es nur einzelne Teile davon sind.

Es sind die Grenzen der anderen, nicht deine.

Gerade in Zeiten des Misserfolges entsteht Stärke. Und in Zeiten des Misserfolges zeigt sich dein Netzwerk. Sicher ist: Hätte ich in die Verbindung zur deutschen Pressevertreterin von Melinda Gates nicht so viel investiert, würde ich heute immer noch darauf warten, für einen Flug nach New York zu boarden und mir bei Tomatensaft Hollywood-Blockbuster anzuschauen, um mich auf die Stadt, die niemals schläft, einzustimmen. Gut also, dass ich mich immer wieder bei der Pressevertreterin gemeldet habe. Und noch besser, dass ich meine Ängste überwunden und den Mut aufgebracht habe, sie zu kontaktieren.

Die Geschichte rund um Melinda Gates und New York zeigt doch eines: Meine Netzwerkpower hat funktioniert, auch wenn es länger gedauert hat als gedacht. Ich bin der festen Überzeugung: Netzwerk ist die neue Rente. Der Job kann morgen weg sein, das Netzwerk bleibt.

Aus diesem Grund noch mal ein kleiner Exkurs zum Netzwerken!

Meine Hacks:

1. Qualität statt Quantität.
   Nicht die Anzahl der Kontakte ist ausschlaggebend, sondern, ob im entscheidenden Moment die richtige Person, zu der du Vertrauen und Verbundenheit aufgebaut hast, dabei ist.
2. Investiere in dein Netzwerk, bevor du es brauchst.
   Netzwerkkontakte sollten dir nicht erst einfallen, wenn du Hilfe brauchst. Das sind vielmehr die Situationen, in denen sich zeigt, ob du dich zuvor genug um dein Netz gekümmert hast.
3. Sichtbarkeit – auch hier das A und O.
   Wenn Menschen nicht erfahren, wofür du stehst, was dich auszeichnet oder womit du dich inhaltlich beschäftigst, wird auch niemand aktiv Kontakt zu dir aufnehmen oder inhaltlich an deine Themen anknüpfen können.
4. Netzwerken ist ein Geben und Nehmen.
   Es ist nicht das Ziel, ein Netzwerk aufzubauen, damit einem möglichst viele Menschen helfen können. Netzwerke funktionieren dann besonders gut, wenn jede*r bereit ist, mehr zu geben als zu nehmen.

Geben – das musste ich am Anfang meiner Selbstständigkeit genug. Nicht nur beruflich, sondern vor allem privat. Marco und ich lebten in einer kleinen Wohnung mit Vier-Quadratmeter-Büro – in unserem Wohnzimmer.

Die Kolleg*innen gingen ein und aus. Mein Zuhause fühlte sich nicht nach einem Zuhause an, weil ständig jemand da war. Alles, was uns am Leben hielt, war die verrückte Idee: Die Wirtschaft könnte mehr Vielfalt vertragen.

Auf meiner Bucket List in meinem Journal stand: »Eigenes Büro, weg aus dem Wohnzimmer, so richtig erwachsen.« Eigentlich in unserer damaligen Welt unvorstellbar.

Anyways – we did it! Wir sind erwachsen geworden, als Start-up, als Unternehmen. Zwei Büros: eines in Berlin und eines in München.

Ich bin ganz schön stolz, was wir alle, das gesamte Team von *Global Digital Women* und *ACI Consulting,* erreicht haben. Zwei Büros in zwei Städten, über 20 Menschen im Team, zwei Office-Dogs, viele Partner*innen, mit denen wir gemeinsam daran arbeiten, die Wirtschaft diverser und inklusiver zu machen. Mehr als zehn Investments in Start-ups runden unsere Arbeit ab.

Dazwischen liegen Pitches, die wir gewonnen, aber auch verloren haben. Fehler, aus denen wir gelernt haben, und Rückschläge, die wir überwinden mussten.

Dream big – ist kein Buzzword für mich. Der Weg kann zwar f*cking hart sein, aber jeder einzelne Schritt lohnt sich. Oder als Instagram-Meme auf den Punkt gebracht:

> *»Why should you settle for less when you can get exactly what you want.«*

KAPITEL 7

I proudly present: Das bin ich!

Vom Mut, sichtbar zu sein

Blicken wir der Realität ins Auge: Wer sich die Mühe macht, in meinem Instagram-Feed bis ganz nach unten, also ins Jahr 2015, zu scrollen, dem garantiere ich gute Laune für den Rest der Woche. Es war die Zeit, in der ich Duftkerzen und gedeckte Frühstückstische fotografierte. Bilder in schwarz-weiß hochlud oder Collagen aus verschiedenen Motiven bastelte. Auf Englisch untertitelte und Hashtags wie *instagood* und *qualitytime* verwendete. Ich kann mich wohl glücklich schätzen, dass ich mir mittels Filter keine lustigen Tierohren und Fellnasen aufgesetzt habe – das Internet vergisst bekanntlich nichts. Was es jedoch auch war: die Zeit, in der ich den Mut hatte, erstmals sichtbar zu sein – auch wenn ich anfangs nur einstellige (Mitleids-)Likes erntete, wovon einer immer von mir selbst war. *I proudly present:* Das bin ich!

Wenn ich ein Ranking zwischen allen mutigen Entscheidungen, die ich jemals in meinem Leben getroffen habe, aufstellen müsste, würde die Anmeldung auf Instagram, Twitter/X und Co. sehr weit oben rangieren. Der Schritt in die Sichtbarkeit: supermutig, ganz besonders, wenn du dein erstes Social-Media-Profil erstellst und damit andere an deinem Leben teilhaben lässt.

Stimmungen und Meinungen offenlegst.

Pro und Contra erörterst.

Deine Personal Brand baust und dich positionierst.

Für Sichtbarkeit musst du jedoch nicht zwingend im World Wide Web und in den sozialen Medien unterwegs sein, es reichen allein dein Leben und dein Alltag – eben, dass du du bist. Jedoch Einfluss darauf nehmen, wie Menschen im Privaten und im Beruf über dich sprechen und denken und alles so steuern wie der PR-Manager eines US-Superstars? Netter Versuch!

Stell dir vor: Du bewirbst dich für einen Job und kommst so in ein Unternehmen. Dann folgt ein Projekt, das in deiner Abteilung gesehen wird. Du präsentierst es in einer größeren Runde, ein Mentor wird aufmerksam. Die Geschäftsleitung wird nun eingebunden, die darüber rege diskutiert. Du trittst ganz automatisch in die Sichtbarkeit, wirst zum Thema und bist im Gespräch.

Jeder einzelne Schritt davon erfordert Mut.

Den Mythos, dass Sichtbarkeit mit den Jahren, mit den Positionen, mit der Routine leichter wird und du deinen Mut-Faktor auf ein Minimum drosseln kannst, muss ich leider entzaubern. Ich jedenfalls lege bei dieser Behauptung mein Veto ein. Ganz im Gegenteil: Es wird herausfordernder – weil die Aufgaben größer werden, sich der Zirkel, mit dem du dich umgibst, ändert und dich mehr Menschen sehen – und ergo beurteilen. Ein Social-Media-Profil ist nur ein Teil davon.

Sichtbarkeit bedeutet, im Fokus zu stehen. Denn: Du bist nicht mehr eine von vielen.

Du bist die Eine.

Die Eine, die das Projekt verantwortet.

Die Eine, die das Team anleitet.

Die Eine, die einen Vertrag gut verhandelt hat.

Die Eine, die in die TV-Show geht.

Und die Eine, die mit Neid und Missgunst umgehen muss.

Vor meinem geistigen Auge sehe ich eine Szene, von der ich nicht einmal live und in Farbe ein Teil war. Auf einer Konferenz stand eine Traube von drei, vier Frauen zusammen. Der Talk unter ihnen – business-like und professionell. Bis die Sprache auf mich kam und zum großen Lästern angesetzt wurde.

Mein Aussehen.

Mein Auftreten.

Meine Botschaften.

Die ganze Palette und alle Facetten Tijens kamen aufs Tapet. Öffentlich und lautstark. Garniert mit Gemeinheiten und Gehässigkeiten.

Dumm nur, wenn eine meiner Freundinnen oder eine andere Frau aus meinem Netzwerk danebenstehen und alles ungefiltert mitbekommen …

Dass nicht jede*r meiner Meinung ist – okay. Dass ich Gegenwind aushalten muss – klar. Dass jedoch völlig unreflektiert darüber gelästert wird, wie und wer ich bin – das ist ganz schlechter Stil, den ich nicht hinnehmen möchte.

Keine Frage: Lästern liegt in der Natur des Menschen. Dampf ablassen? Auch mal okay – wer kennt's nicht? Aber:

Der Ton macht die Musik, das Umfeld und vor allem, ob man seine Meinung in einem geschützten Raum kundtut oder wie hier auf besagter Konferenz.

Die Szene zeigt: Sichtbarkeit spült Neider*innen in dein Leben. Sie sprechen über dich und machen dich zum Thema, weil du du bist. Die Diskussion der illustren Runde wurde übrigens gesprengt, weil meine Freundin den Mut hatte, den lästernden *Girls Clubs* anzusprechen, ihn zur Rede stellte und dem (peinlichen und kindischen) Spielchen so ein Ende setzte. Solche Verbündete, wie ich sie in meinem Umfeld habe – Gold wert.

Klar, dass mir meine Freundin direkt von dem Vorfall berichtete. Ich fand ihre Reaktion jedenfalls dermaßen gut, dass ich seither noch mehr darauf achte:

- für andere zu sprechen, sobald sie grundlos schlecht gemacht werden.
- an ihrer Seite zu stehen. Auch imaginär, wenn sie nicht vor Ort sind.

Neid finde ich generell ätzend. Es ist menschlich zu schauen, was andere machen und es sich für sich selbst zu wünschen. Aber Neid geht einen Schritt weiter, weil es bedeutet, sich an jemandem abzuarbeiten.

Oft ist es doch aber so: Zusammen erreicht man viel mehr. Wenn ich andere inspirierende Frauen sehe, will ich mich direkt mit ihnen zusammentun, ihnen sagen, was ich weiß und kann, damit wir gemeinsam etwas Großes entwickeln können – statt gegeneinander zu arbeiten.

Wenn ich jemanden nicht mag, ignoriere ich ihn. In der Zeit, in der ich mich an jemandem aufhänge, kann ich selbst schon wieder drei Schritte weiter sein. *I don't have time for sneaky shit.*

Viele unterschätzen, wie unglaublich wichtig es ist, sich auf sich selbst zu fokussieren. Ich weiß, dass jede Minute, in der ich mich damit beschäftige, was wer wie macht und denkt oder schreibt, wirklich verschwendet ist. Und: Ich wäre heute nicht da, wo ich bin, hätte ich mich an den Bewertungen, Vorurteilen und negativen Äußerungen von anderen aufgehalten.

Ich brauche andere nicht schlechtzumachen, um selbst besser dazustehen. Je mehr ich das machen würde, desto härter würde der Boomerang zurückkommen. Karma regelt – und wenn es das nicht tut, tut es das »Publikum«. Menschen haben eine große Sensibilität dafür, ob jemand mit sich im Reinen ist oder nicht.

Die Damen der Konferenz waren das offenbar nicht.

Warum sie zum maximalen Lästeraufschlag ausgeholt haben und ich der Stein des Anstoßes war? Ich kann nur Vermutungen anstellen.

Vielleicht war ich zu erfolgreich.

Vielleicht stahl ich ihnen die Show.

Vielleicht stieß meine Sichtbarkeit ihnen übel auf.

Die Antwort blieben besagte Personen meiner Freundin schuldig …

Ich könnte über solche Momente den Mantel des Schweigens ausbreiten, um alles perfekt wirken zu lassen. Viele verbinden mich mit einer Person, der alles gelingt, die einen Erfolg nach dem anderen feiert, die auf der Überholspur lebt. Gerade auf

Social Media – Sichtbarkeits-Tool Nr. 1 – sieht immer alles so toll aus. Die meisten zeigen sich von ihrer schönsten Seite. Ich kenne das von mir selbst. Es kostet Überwindung zu sagen: Es ist gerade richtig schlimm. Und ja, die oben geschilderte Situation war unterirdisch, und sie beschäftigte mich einige Tage.

Nachdem ich sämtliche negative Emotionen durchlebt und mich gefangen hatte, wurde mir einmal mehr bewusst: Das, was mir auf der Konferenz passiert ist, kommt tagtäglich auch an anderer Stelle vor. Bei den Big Playern, im Mittelstand oder in Fünf-Personen-Abteilungen. So wie ich zweifelte und grübelte, bereitet es auch anderen (Frauen) schlaflose Nächte, wenn ihre Meinung im Meeting niedergeschmettert wird, sie von Kolleg*innen klein- und schlechtgemacht und ungerecht behandelt werden.

Genau dann einen Weg zu finden, sich nicht bei jedem Kommentar – egal, ob man ihn on- oder offline gedrückt bekommt – komplett infrage zu stellen: challenging hoch zehn. Sich aus der Spirale zu befreien, in der man meint, Beweise für seine Kompetenz in Dauerschleife und mit amtlichem Qualitätssiegel liefern zu müssen, ist entscheidend. Aber frau wächst bekanntlich mit ihren Aufgaben …

Und du *wirst* wachsen, versprochen! Um es gleich vorneweg zu nehmen: Sobald du auf einer prominenten Position bist, kannst du es nicht (mehr) verhindern, dass es sich Menschen herausnehmen, über dich zu urteilen.

Wechsele den Standpunkt und betrachte die Situation von außen – wenn möglich ganz neutral. Frag dich nicht, wo das Problem liegt, was du falsch gemacht hast und was die anderen wohl meinen. Überlege dir: Ist es wirklich eine Kritik an dir, deiner Arbeit und deinem Engagement?

Oder bist du einfach so gut in deinem Business, dass sich andere an dir reiben und dir deinen Erfolg neiden?

Lass uns sogar noch einen Schritt weitergehen: Triggert dein Verhalten dein Gegenüber:

... weil er*sie private Probleme hat?

... weil ihm*ihr von einer meinungsstarken Person wie dir der Job weggeschnappt wurde?

... weil ihn*sie dein roter Look an eine Tänzerin erinnert, die sein*ihr das Herz gebrochen hat?

Wie manche Menschen andere beurteilen, kann so diffus sein, dass es sich nicht nachvollziehen lässt, was überhaupt der Stein des Anstoßes ist. Merke: Du kannst die Wahrnehmung anderer lediglich bis zu einem gewissen Grad prägen. Hundert Prozent steuern und kontrollieren, wie sie ihre Meinung über dich bilden? Unmöglich! Auch, weil jede*r nur einen Ausschnitt von dir sieht.

Du bist du, und was andere von dir denken, ist so facettenreich wie das Leben an sich.

Mir dessen bewusst zu sein, lässt mich aufatmen, wenn die volle Breitseite knüppelhart kommt – so wie in unserer vorher erwähnten »illustren« Runde.

Wir haben es nicht in der Hand, was andere in uns erkennen. Das Einzige, was wir in der Hand haben, ist, wie wir damit umgehen.

Fragen an dich:

Machst du dich fertig, wenn Kritik auf dich einprasselt?

Oder reflektierst du:

Sind die Kommentare valide?

Sind sie sinnvoll?

Oder sind sie ohnehin völlig an den Haaren herbeigezogen?

Das Wichtigste: Dein *Inner Circle* weiß, wie du wirklich bist, wo deine Stärken liegen und was dich ausmacht. Kurz zur Erinnerung: Dein *Inner Circle* müssen nicht 15 Personen sein. Es reichen zwei Menschen. Es reicht eine Person. Hauptsache, er*sie steht zu dir.

Gerade in einer Zeit, in der deine Sichtbarkeit zunimmt, ist der *Inner Circle* ein Wundermittel. Je klarer du bist, je geerdeter und je aufgehobener du dich fühlst, desto weniger wird dir das, was um dich herum passiert, wehtun.

Vergiss nie: Deine Daseinsberechtigung resultiert nicht aus dem, was andere im Außen formulieren, sondern darin, was dein innerster Antrieb ist.

By the way: Ich pflege viele Freundschaften zu Frauen, die älter und erfahrener sind als ich. Wenn ich mal wieder einen meiner Heulanfälle bekomme, schauen sie auf meine Situation und sagen mir: »Weißt du eigentlich, wie oft ich das schon erlebt habe?« Und ich merke: Ah, ich bin nicht allein. Diese Gespräche sind mein Back-up und geben mir ein gutes Gefühl. Ein Gefühl, bei dem mir bewusst wird: Ja, es ist heftig, aber ich bin nicht die einzige Person in diesem Shit-Game.

Für mich ist klar: Die Kombination aus Resilienz, innerer Stärke und Mut pflastern den Weg, den eigenen Werten treu zu bleiben. Wie's genau geht? Indem du Mechanismen entwickelst, dich selbst nicht zu verlieren.

Dazu gehört:

- Die Gelassenheit, Dinge hinzunehmen, die du nicht ändern kannst.
- Der Mut, Dinge zu ändern, die du ändern kannst.
- Die Weisheit, das eine vom anderen zu unterscheiden.

Mein Erfolg ist das Ergebnis vieler Jahre. Ich wurde nicht wie Greta Thunberg durch eine einzelne (Plakat-)Aktion bekannt, also von jetzt auf gleich. Meine Sichtbarkeit wuchs Stück für Stück. Dass immer mehr Menschen auf mich aufmerksam werden, mich erkennen und über mich sprechen, muss Little Tijen aus Karlsruhe City von Zeit zu Zeit noch realisieren. Beispielsweise dann, wenn ich auf Events gehe, mich anderen vorstelle und die Menschen sagen: »Ich weiß, wer du bist, ich kenne dich!«

Völlig verrückt.

Natürlich sind solche Erlebnisse bei mir extremer als bei Frauen, die in Unternehmen arbeiten. Die Gründe dafür? Ich stehe im Fokus der Öffentlichkeit, bin sichtbar und vertrete eine starke Meinung. Trotzdem ziehe ich aus meinen Erfahrungen eine Erkenntnis, die auf alle zutrifft. Auf die Führungskraft auf dem C-Level, auf die Handelsvertreterin und auf alle, die Topsharing betreiben: Sei vorsichtig, wen du in dein Umfeld lässt, mit wem du was teilst und wer die Club-Card für deinen *Inner Circle* bekommt. Und: Selbst wenn die Stimmen rechts und links von dir laut werden, gemeckert und gelästert wird – es ist keine Alternative, einen Schritt zurückzugehen und Träume und Visionen aufzugeben. Eins eint uns: Je sichtbarer du wirst, desto mutiger musst du sein.

Also: Kommst du zu mir ins Team »Jetzt erst recht«?

Die wichtigsten Tools dabei:

- *Focus on you!*
  Bleibe bei dir, konzentriere dich auf dich und schaue nicht auf die anderen, und wie sie sich an dir abarbeiten. Getreu dem Motto: »*If it doesn't bring you energy, inspiration or orgasm, it doesn't belong in your live.*«
- Lass dich nicht beirren.
  Nach meinem Studium in Politik, Geschichte und Öffentlichem Recht wusste ich nicht sofort, wo ich lande. Im Journalismus? In der Partei? Da, wo mich keine*r (nicht mal ich selbst!) vermutete? Je mehr Leute ihre Meinung dazu abgaben, desto verwirrter wurde ich. Hier war ich die Emotionale, dort die Rationale, drüben die Kreative und bei den Nächsten die Taffe. WTF? Mir wurde dabei schwindelig, bis ich beschloss, (wieder mehr) ich zu sein.
- Weitermachen!
- Frage dich: Was sind deine nächsten Schritte? Was kann ich gestalten? Agieren statt reagieren. *All set!*

Viele Frauen erzählen mir, sobald sie auf Social Media aktiver werden, würden sie in ihrem Unternehmen kritisch beäugt. Ich rede hier nicht von Influencerinnen mit 15 000 Follower*innen, sondern von: mal hier, mal da liken und sich trauen, in einem guten Moment einen Kommentar abzusetzen.

Da ploppen von Männern Fragen auf wie: Arbeitest du eigentlich auch mal? Hast du nichts Besseres zu tun? Warum rückst du dich so in den Vordergrund?

Auf dem Plateau der Eitelkeiten passt es nicht jedem, dass du in exponierter Position im Unternehmen oder auf Social Media bist. Und so kommen genau diese Sprüche, garniert mit Ratschlägen, was Frauen besser machen sollten, wie sie es machen könnten und was überhaupt richtig sei. Dabei möchte ich all diesen Leuten zurufen: Nicht jede Kritik ist berechtige Kritik! Nicht jeder Ratschlag ein Ratschlag (Ratschläge können auch Schläge sein!).

Eine gute Idee ist, einen persönlichen Wertekompass für Social Media zu entwickeln:

Zu welchen Themen äußere ich mich?
Wie trete ich auf?
Wo sind meine Grenzen?

Probier's mal aus, und ich verspreche dir, dass du Mechanismen entwickeln wirst, die dich wie selbstverständlich durch Social Media gleiten lassen und dir helfen, dich selbst nicht zu verlieren. Du bekommst die nötige Ruhe, deine Themen zu gestalten, ohne dich davon abhängig zu machen, was andere denken. Wer jedem*jeder gefallen möchte, wird sich am Ende selbst nicht mehr gefallen. Ohnehin musst du nicht jedem*jeder gefallen – du bist ja kein Facebook-Status.

Wie man mit Konflikten, egal ob analog oder digital, umgeht? Wenn es eine Blaupause geben würde, würde ich ein Patent darauf anmelden.

Bei mir ist das so: Entweder, ich muss nicht jeden Kampf kämpfen. Auf einen blöden Spruch eben nicht mit einem ebenso blöden Spruch zu reagieren, sondern dein Gegenüber auflaufen zu lassen, indem du mal nichts sagt, wirkt manchmal viel stärker, als ganz viel zu sagen.

Oder ich kontere – weil mir bestimmte Situationen in regelmäßigen Abständen begegnen. Stichwort: Frauenquote, Diversity und Co. Schneller als das Einmaleins brettere ich das Best of Gegenargumente herunter. Finde heraus, was für *dich* in einem bestimmten Moment adäquat erscheint.

Seit ich mein erstes Posting anno 2015 veröffentlicht habe, weiß ich: Es gibt immer erste Male.

Den ersten Job bekommen.

Das erste Mal seinen Hut in den Ring werfen.

Die erste Bewerbung für einen Wettbewerb einreichen.

Aber vor allem: das erste Mal Sichtbarkeit.

Und mit diesem ersten Mal werden nicht mehr nur die Menschen auf dich aufmerksam, an die du deine Botschaften bewusst adressiert – der Kreis wird größer. Und mit dem Wachstum deiner Community erhöht sich dein (im wahrsten Sinne des Wortes) Selbst-Bewusstsein. Du lernst dich kennen. Spürst, was Balsam für deine Seele ist. Lernst, dich besser einzuschätzen. Und je mehr du über dich weißt, desto weniger treffen dich andere mit ihren Attacken. Du lässt dich nicht mehr verunsichern. Selbst wenn du am Anfang nur Mitleid-Likes wie ich bekommst. Deine Bilder in schwarz-weiß hochlädst oder Collagen aus verschiedenen Motiven bastelst. Auf Englisch untertitelst und Hashtags wie *instagood* und *qualitytime* verwendest.

Vergiss nie:

Du bist du.

Be you – be proud.

KAPITEL 8

Everybody's Darling is Everybody's Depp

Vom Mut, gegen den Strom zu schwimmen

Die Erde ist eine Scheibe, die Klimaerwärmung eine Lüge und der Mann das starke Geschlecht. Es existieren Mythen, die haben einen Wahrheitsgehalt von … null Prozent. Dazu zähle ich auch den Spruch: »Dich muss jeder mögen.« *Let's face it:* Der Liebling aller zu sein ist eine *Mission: impossible. Everybody's Darling is Everybody's Depp.*

Wäre eine »*Free Wish Campaign*« auf unseren Straßen Alltag, würden sich wahrscheinlich viele Frauen auf Platz eins der Beliebtheitsskala beamen lassen. Der Wunsch, allen zu gefallen, ist riesig. Die Vorstellung – angenehm und ja, auch bequem.

Ich merke immer wieder: Frauen wollen niemandem auf den Schlips treten und schwimmen aus diesem Grund häufig mit dem Strom – und nicht gegen ihn. Und, ganz ehrlich, wen wundert's? Schließlich lernen Mädchen von Tag eins an, einer bestimmten Norm zu entsprechen und sich in eine Rolle einzufügen.

Während Jungen toben dürfen, sollen sich Mädchen benehmen.

Bei Jungen passt's, wenn sie dreckig vom Spielplatz nach Hause kommen, Mädchen werden ermahnt, sobald das Kleidchen mit einem Fleck versehen ist.

Er trägt Blau – sie Rosa.

Lächle mal, kämm dir die Haare, schlag beim Sitzen die Beine übereinander – wie oft musste ich das als Kind und Jugendliche von Außenstehenden hören! Für Mädchen existiert eine Konditionierung aus dem Lehrbuch, sie werden früh nach dieser Schablone sozialisiert, weil die Gesellschaft weiter fleißig und munter Rollenbilder und Stereotypen pflegt.

Ich dagegen plädiere für folgende Sichtweise:

»Stop teaching girls that being nice is more important than having a voice.«

Happy me, dass ich in einem Elternhaus aufgewachsen bin, wo das Weltbild sehr modern ist und in dem Feminismus so selbstverständlich ist wie die Luft zum Atmen. Meine Mutter, aber vor allem auch mein Vater, haben mich immer darin bestärkt, für meine Werte, meine Haltung und meine Unabhängigkeit einzustehen und mich niemals von der Perspektive der anderen zu sehr verunsichern zu lassen. Ich hatte so das Selbstbewusstsein, mich frei zu entfalten.

Empowerment fängt bei der Erziehung an, und wenn wir Mädchen immer erzählen, dass sie sich anpassen und brav sein müssen, dann ist es doch nur logisch und keine Raketenwissenschaft, dass es für sie später unglaublich schwierig wird,

Meine Mama und ich: Viele sagen, ich würde ihr ähnlich sehen. Ich kann's nicht abstreiten ... (© privat)

Posieren fürs Familienalbum – an meinem ersten Schultag. Neben mir: mein Bruder Cem (© privat)

Ich war ein fröhliches Kind, auch wenn ich gespürt habe: Aufgrund meiner Sozialisation bin ich immer die Exotin (© privat)

Weißes Top, brauner Blazer:
Für den FDP-Wahlkampf ließ ich mich
zu diesem Look überreden (© privat)

Bunt und bold: Selfie-Time mit den Frauen des »International Leadership Program« beim Besuch in den USA (© privat)

Mein erstes Invest: 2020 stieg ich als Business Angel in »Pumpkin Organics« ein (hier mit Gründerin Jaclyn Schnau) (© privat)

Hinter diesem Tor in Karlsruhe befindet sich die Wohnung, in der ich groß geworden bin (© privat)

Mutter-Tochter-Zeit: Ich liebe die Aura meiner Mama, wie sie mit Menschen umgeht und dass sie immer positiv denkt (© privat)

Girls can do anything – sogar, wie ich, eine eigene Barbie bekommen (© Andrea Heinsohn)

Lack und Leder: Meine Looks variiere ich. Beim Gamechanger-Event in Wien fiel die Wahl auf dieses Outfit (© privat)

All over Jeans – meine Stylistin Alicia leistete bei mir für den Deutschen Lesepreis 1A-Überzeugungsarbeit (© privat)

Meine Lieblingsfarbe Leo trug ich beim Female Finance Award von Focus Money (© privat)

Selbstbewusstsein und eine eigene oder sogar eine unkonventionelle Meinung zu entwickeln.

Es braucht das Bewusstsein der Umwelt, dass eine Frau, die das sagt, was sie denkt und fühlt, nicht als anstrengend gilt. Und es braucht das Bewusstsein der Frau, selbst zu wissen, was sie will und was nicht.

Eine Stimme zu besitzen ist das eine, sie einzusetzen das andere. Im ersten Schritt für einen selbst und im zweiten für die Gemeinschaft. Ich verfolge den Traum von mehr Vielfalt und Gleichberechtigung für mich – und darüber hinaus für alle und jede*n. Es ist harte Arbeit, jeden Tag gegen Windmühlen anzukämpfen und eine echte gesellschaftliche Veränderung voranzutreiben. Es gelingt mir mal mehr, mal weniger erfolgreich. Eins passiert aber immer: Ich erinnere mich tagtäglich daran, dass ich den Mut im Kampf für mehr Gerechtigkeit aufbringen muss, und nehme dafür gern in Kauf, nicht *Everybody's Darling* zu sein.

Männer: können so agieren, wie sie wollen.

Frauen: müssen vorzeigbar sein.

Tijen: macht, worauf sie Bock hat.

Ich trage stylische Klamotten, roten Lippenstift, thematisiere *Pain Points* und investiere in Firmen wie *CHEEX*, die Plattform, die sexy *female friendly* Filme streamt.

Klar wie Kloßbrühe, dass ich für viele als eine Provokation auf zwei Beinen gelte. Mit meiner Meinung kam meine Sichtbarkeit und damit die Angreifbarkeit.

Könnte ich das ändern? Natürlich.

Will ich das ändern? Natürlich nicht.

Als Unternehmerin und als Frau möchte ich ein bestehendes System neu prägen. Mainstream in der Gesellschaft und im Businesskontext, wie er landläufig bekannt und als richtig empfunden wird – ich fühl's einfach nicht. Mal ehrlich: Haben die 1950er-Jahre angerufen und wollen, dass Frauen wie in längst vergangenen Tagen leben?

Gerade am Anfang meiner (politischen) Karriere dachte ich, ich müsste *Everybody's Darling* sein und von jedem*jeder geliebt werden – egal, ob es am Wahlinfostand in der Fußgängerzone oder innerhalb der Partei war.

Dabei vergaß ich, dass:

1. nicht jede*r überzeugt werden will.
2. mich gar nicht alle mögen können *(by the way:* Ich tue das im umgekehrten Fall auch nicht ...).
3. nicht jede*r meine Meinung teilt.

Solange ich in der FDP das fleißige Bienchen hinter den Kulissen war, brav mithalf und mich hintenan stellte, war alles in bester Ordnung. (Partei-)Friede, Freude, Eierkuchen.

Als ich 2006 jedoch formulierte, dass ich für den Landtag kandidieren wolle, schlug die Stimmung schlagartig um. Kryptische Reaktionen von Parteikolleg*innen. Getuschel hinter meinem Rücken. Gespräche, die verstummten, sobald ich mich dazugesellte.

Die Tijen, die allseits beliebt war, immer für gute Laune gesorgt hatte – *gone with the wind.* Ich hatte sie mit dem Wunsch, in den Landtag einzuziehen, verloren. Stattdessen pflasterten nun Neid und Missgunst meinen Weg. Durch meine gewonnene Sichtbarkeit und meine neue Positionierung musste ich auf die harte Weise lernen, dass Platz eins der Beliebtheitsskala in weite Ferne gerückt war.

Ich kämpfte also an allen Ecken und Enden. Mit Bedürfnissen und Befindlichkeiten. Aber vor allem kämpfte ich mit mir selbst und der Einsicht, dass ich nicht mit jedem *Best Buddy* sein konnte. Es dauerte, bis ich realisierte: Du bist gut so, wie du bist, bleib so, wie du bist!

Wer einmal verstanden hat, dass es immer Bewertungen geben wird, lebt entspannter und unabhängiger. Ich bin für Reflexion, aber gegen ein ständiges Infrage-Stellen.

Ich habe mich selbst oft limitiert, weil ich viel zu viel darüber nachgedacht habe, ob ich zu viel bin, ob ich mich zurücknehmen sollte und ob eine erneute Nachfrage im Meeting wirklich sein muss. Ich wollte dazugehören und habe vergessen, dass ich in erster Linie mit mir selbst zufrieden sein muss.

Inzwischen nutze ich mein ganz eigenes Zaubermittel: Bei jedem Anflug von Unsicherheit lege ich Musik auf. »Lasse redn« von den Ärzten – große Herzensempfehlung und mein *Fuck-off-Song.*

Der Plot deiner Lebensgeschichte ist vorhersehbar, wenn du dich immerzu einordnest, dich selbst zum Gehorsam erziehst und dein Bauchgefühl ignorierst. Du verlierst dich selbst und deinen Fokus. Dabei glaube ich fest daran, dass sich die innere Haltung irgendwann meldet und sich nicht auf Dauer unterdrücken lässt.

Hörst du diese Stimme auch? Dann hab den Mut, ihr zuzuhören, ihr den nötigen Raum zu geben und deinen Weg zu gehen. Wie du als Frau zu sein hast, entscheidest du ganz allein. Es ist dein Leben, nicht das deines Gegenübers.

Die kanadische Schriftstellerin Rupi Kaur trifft es mit einem meiner Lieblingszitate auf den Punkt:

> *»Live loud and proud like you deserve and reject their bullshit definition of what a woman should look like.«*

So selbstverständlich laute, stolze Frauen im 21. Jahrhundert sein sollten, so sehr triggert Menschen genau das in Bezug auf ihr Weltbild.

Frauen, die in einer Konferenz die Hand heben, eine klare Haltung besitzen und im Mittelpunkt stehen? Ganz schlecht!

Systemfragen stellen, Strukturen über den Haufen werfen und Anspruch auf eine bestimmte Position erheben? *Fail!*

Verpackung UND Inhalt kombinieren? Wo gibt's denn so was?!

Ich halte es mit Jane Goodall:

> *»It actually doesn't take much to be considered a difficult woman. That's why there are so many of us.«*

Eine weise Frau.

Wir alle, die als »schwierig« und »kompliziert« bezeichnet werden, sind in guter Gesellschaft.

Mein Paradebeispiel: Vorstandsfrauen, weil sie besonders im Spotlight stehen. Sie sind – leider! – eine echte Seltenheit, aber – zum Glück! – besonders visibel. Logisch, dass sie mehr Interviews, mehr Beiträge und mehr Aufmerksamkeit als ihre männlichen Mitstreiter bekommen.

Was man sich immer wieder vor Augen führen muss: Weil Vorstandsfrauen in sehr gesetzten, männlich geprägten Konstellationen unterwegs sind, brauchen sie doppelt so viel Mut, um sich mit der Challenge aus Neid, Missgunst und Gegenwind auseinanderzusetzen.

Ich gehe sogar so weit, dass ich sage: Wer in eine Führungsposition oder an eine andere exponierte Stelle will, muss damit leben, nicht *Everybody's Darling* zu sein.

Du wirst harte Entscheidungen treffen müssen. Leute enttäuschen. Kolleg*innen kündigen.

Ich erlebe Anfragen wie diese jeden Tag:

Kann ich dir eine Idee vorstellen?

Sollen wir einen Kaffee trinken gehen?

Würdest du mein Pitch-Deck lesen?

Ständig trudeln solche Anfragen bei mir ein – und so gern ich allen zur Seite stehen würde, muss ich absagen. Weil mein Tag als Unternehmerin, Speakerin, Moderatorin, Investorin, Buchautorin, Ehefrau, Tochter, Schwester, beste Freundin auch nur 24 Stunden hat, meine Energie endlich und meine Expertise auch nicht für jede Fragestellung passend ist.

Nein zu sagen und bei dir bleiben ist eine der größten Herausforderungen. Aber: Lieber ein ehrliches Nein als ein unehrliches Ja. Es erspart viel Leid, viele Zwänge und bringt Freiheit.

Merke: Ein klares Nein zu anderen ist ein Ja zu dir selbst.

Grenzen aufzuzeigen und Grenzen zu kommunizieren – ein Lernprozess. Jeden Tag werden Grenzen überschritten, auch bei mir – ob nun gewollt oder nicht. Dabei habe ich irgendwann gemerkt: Ich bin nicht zu egoistisch, nur weil ich Grenzen abstecke, an mich denke und »Stopp!« sage. Es ist – Achtung! – gesund.

Wenn du immer Ja und Amen zu allem sagst, werden die Leute es ausnutzen – das liegt in der Natur der Sache. Grenzen haben viel mit einer klaren Haltung und mit Unabhängigkeit zu tun.

Unabhängigkeit ist eine der wichtigsten Säulen in meinem Leben. Unabhängigkeit von Menschen. Von Finanzen. Von Meinungen. Von Komplimenten. Denn: Je abhängiger du dich von Applaus machst, desto abhängiger machst du dich von Kritik.

Zugegeben: Ich bin nicht frei davon. Auf Social Media bekomme ich tolles Feedback, und es gibt Tage, da schwebe ich auf Wolke sieben, bin voller Liebe, fühle mich super.

Und dann kommt ein Kommentar (in Worten: ein einziger!), der so schräg ist, dass ich den ganzen Tag nur über diesen f*cking Kommentar nachdenke. Die Tausend anderen schönen Kommentare? Schiebt mein Gedächtnis ganz nach hinten, sie verschwinden in einem Nebel von Gedanken, in denen ich mich hinterfrage.

Die Kunst ist es, aus der Spirale, von allen gemocht werden zu wollen, auszubrechen. Meine Lösung: mich auf mich zu fokussieren und mit mir selbst zu sprechen. Ich möchte meine Stärke aus mir ziehen und mich unabhängig von Hatern machen.

Mit einfachen Tricks schaffst du das auch:

- Schreibe deine Erfolge in einem Journal auf.
  Das hilft, sie zu reflektieren, und zeigt dir immer wieder, was du alles auf die Beine stellst.
- Arbeite an deinem Mindset.
  Wenn du dich nur damit beschäftigst, wie du es anderen recht machen kannst und was sie sagen, kannst du nicht bei dir bleiben.
- Überlege dir: Wer bringt dich weiter?
  Konkret: Welche Menschen tun dir gut und wer gehört zu deinem *Powerhouse?* Wem vertraust du so sehr, dass du sein kannst, wie du willst, und nicht jedes Wort auf die Goldwaage legen musst? Erschaffe dir einen Kreis an Menschen, die auch kritisches Feedback geben, aber bei denen du dir sicher sein kannst: voller Support! Es dauert, den *Inner Circle* aufzubauen und zu pflegen, aber es lohnt sich.

Spoiler Alert: Wenn du du bist, wird es immer Menschen geben, die dich nicht mögen, aber du hast die Wahl: anderen so gegenüberzutreten, wie du wirklich bist, oder dich zu verbiegen und selbst zu betrügen.

»Have the courage to be disliked.«

Klingt einfacher, als es ist. Und dennoch ist es so, so, so wichtig, es auszuhalten, mal nicht gemocht zu werden.

Es gibt in der Wissenschaft die so genannte *Likeability Bias,* die besagt, dass Frauen, die traditionellen Vorstellungen widersprechen (eine Frau muss leise, immer nett sein, sich zurückhalten) und anders auftreten, als anstrengend und als nicht weiblich wahrgenommen werden. Daher rühren auch Begriffe wie »*bossy*«.

Sich selbst treu bleiben, heißt eben auch mal, nicht *Everybody's Darling* zu sein. Das Wichtigste, um gegen diese Widerstände stark zu sein: dein *Inner Circle.*

Ich verspreche es dir – er wird es sein, der zu dir steht. Es sind Menschen, die bei dir sind, wenn du in einer Krise steckst. Die deinen Namen nennen, wenn es darum geht, eine Position zu besetzen. Die andere in ihre Schranken weisen, wenn sie in einer kleinen (oder großen) Runde schlecht über dich sprechen, weil du eben nicht *Everybody's Darling* bist.

Ich bin mir sicher, dass ein neues Zeitalter angebrochen ist. Es ist, als würden Frauen in diesen Tagen alle Fesseln sprengen und aus dem Dornröschenschlaf erwachen. Mit einem Unterschied: Nicht der Prinz rettet uns, wir retten uns selbst.

Meghan Markle meinte einmal sehr treffend in einem Interview, dass Frauen keine Stimme bräuchten. Sie *hätten* eine Stimme, aber wir müssten ihnen zuhören und sie empowern, damit sie diese Stimme einsetzten. Eine Herangehens- und Denkweise, die die kommenden Jahre prägen wird.

Wenn ich die Situation von heute mit der vor fünf, sechs Jahren vergleiche, sind wir definitiv weitergekommen. Damals ging es noch viel mehr darum, dass Frauen an sich arbeiten müssen. An Frauenförderprogrammen teilnehmen. So als wäre es nötig, Frauen zu »reparieren«.

Aber die Entwicklungen der vergangenen Jahre reichen noch nicht.

Wenn es Frauen im Iran und in anderen Ländern schaffen, unter Einsatz ihres Lebens auf die Straße zu gehen, dann wird es für uns in Deutschland doch wohl ein Leichtes sein, unsere Rechte einzufordern.

Dass ich durch meine Haltung nicht *Everybody's Darling* bin, ist selbsterklärend. Gerade bei den Themen »Diversität« und »Quote«. Wenn ich dazu etwas poste, kann ich von zehn herunterzählen, bis die ersten negativen Kommentare kommen, von Männern (und Frauen!), die mir die Welt erklären. Das kalkuliere ich ein, Menschen reiben sich nun mal an mir und arbeiten sich an mir ab, weil ich ich bin. Und wisst ihr was? Ich mach's trotzdem.

Ein entscheidender Faktor bei all meinen Überlegungen: Ich werde diese Menschen nicht für mich gewinnen können. Und, noch wichtiger: Ich WILL sie auch gar nicht von mir überzeugen.

»Alien« beschreibt ein Wesen aus einer unbekannten Welt. Ein Begriff, dem mich viele zuordnen, ohne es laut auszusprechen.

Die Unternehmen, die ich führe.

Die TV-Shows, von denen ich ein Teil bin.

Das Buch, das ich schreibe.

Mein Mann, mit dem ich gegründet habe.

Der Sport, den ich treibe.

Die Nägel, die ich lackiere.

Mein Erfolg ist Menschen unheimlich, aber wie viel Misserfolg dahintersteckt, wie mies es manchmal läuft, dass ich für meinen Job alles gebe, weil er mein Leben ist, ich 24/7 arbeite – danach fragen sie nicht …

Jede*r kann sein eigenes Leben kreieren, es kann in kleinen oder in großen Schritten gehen, die Vision kann vage sein oder schon richtig *bold.* Eine Zutat gehört aber immer dazu: der Mut, dich von der Vorstellung zu verabschieden, ein*e *People Pleaser* zu sein.

Also: »*Love it, leave it or change it.*«

Wenn dir auf der Arbeit etwas nicht gefällt, deine Beziehung keine mehr ist, toxische Menschen deine Energie absaugen, dann schluck es nicht runter, sondern hab den Mut, die Dinge anzugehen.

Steh zu deinen Träumen, und seien sie noch so verrückt – *do your own thing!* Denn: *Haters gonna hate.*

Bitte lass dich nicht aufhalten und vor allem: Verliere dich nicht selbst auf dem Weg, jedem*jeder gefallen zu wollen und alle zufrieden zu machen.

Hab immer im Hinterkopf:

> »*People are going to judge you – no matter what. So don't let them stop you from doing whatever you want.*«

KAPITEL 9

Fuck off!

Vom Mut, unperfekt zu sein

Hätte das Leben einen Instagram-Filter, wir würden alle wie auf rosa Wolken leben. Mit Partner*innen, die uns morgens sanft wecken und einen Matcha-Latte ans Bett bringen. Mit perfekt gezupften Augenbrauen, weil wir es immer rechtzeitig zu unserem Beauty-Termin schaffen. Und mit To-do-Listen, bei denen pünktlich zum Feierabend alle Häkchen gesetzt sind. Ich bin kein Mathe-Genie, aber so gut kann ich rechnen: hundert Prozent perfekt im Job durchstarten, hundert Prozent Haushalt auf die Kette bekommen, hundert Prozent Partner*innenschaft/Kinder/Social Life = dreihundert Prozent unmöglich. Was es für ein Leben auf einer rosa Wolke braucht? Den Mut, unperfekt zu sein.

Manchmal kommt es mir plötzlich in den Sinn, und ich möchte direkt einen motivierenden Spruch à la »Tschakka, du schaffst das!« teilen. Und dann laufe ich in die Küche und denke: *Okay, wow, Chaos.*

Überhaupt: Es ist die ganze Zeit so – irgendetwas klappt nicht, irgendeine Deadline sprenge ich, irgendeinen Geburtstag vergesse ich. Hundert Prozent perfekt gibt es nicht! Wer etwas anderes sagt, flunkert. Das, was du bei mir und bei anderen auf Social Media siehst, ist nicht immer das ganze Bild und das Leben in all seinen Facetten. Kreatives Chaos? *Count me in!*

Witzigerweise bekomme ich die meisten Reaktionen, Likes und Kommentare auf Instagram-Storys, in denen ich meine Imperfektion teile. Die Sonntage, an denen ich mit der Couch verwachse. Die Berge an Müll, die vor die Tür sollten. Oder die Klamotten, die ich vor zwei Tagen in die Wäschetrommel gesteckt und darin vergessen habe. Auch ich bin nur ein Mensch und keine Maschine ...

Der Name Tijen bedeutet übersetzt »Krone/die Gekrönte«. Dabei ist mein Leben teilweise gar nicht königlich. Und war es auch nie. Absolute Perfektion wäre doch auch langweilig, oder?

Manchmal aber erscheint es, als hätten alle ihr Leben im Griff, nur man selbst schafft nicht mal, die Entscheidung fürs Mittagessen zu treffen. Lass mir dir sagen: Hinter jedem Erfolg steht eine Reihe von Misserfolgen, und kein Weg ist ohne Schlenker – das gilt sowohl für Hausarbeit als auch für Karrierewege.

»Sie haben da eine Lücke im Lebenslauf?«

»Ja, war geil.«

Wie oft liest man auf LinkedIn bitte sehr, dass Leute mit 18 das erste Mal gegründet haben, ihr Start-up mit 22 verkauft wurde, sie mit 25 einen Dreifach-Abschluss an einer Elite-Uni einsackten und der Sprung auf die »30 under 30« quasi ein Spaziergang war?

So ein Bullshit. Diese Alles-ist-perfekt-Posts möchte doch keine*r mehr sehen. Mir hilft es, mich nicht zu vergleichen. Jedes Leben ist anders, jede*r hat unterschiedliche Talente, und wenn ich mich jeden Tag mit anderen messe, verliere ich eh. Weil das hier der LinkedIn-Post *made by* Tijen ist:

Mit 17 überlegt, ob ich das Abi schaffe.

Mit 18 Abi gemacht und den einen Punkt in Mathe nur bekommen, weil ich ein Koordinatensystem aufs Papier gemalt habe.

Mit 19 schon völlig vergessen, dass ich so schlecht in Mathe war und mich für ein VWL-Studium beworben, weil mir jemand sagte: »BWL machen alle, mach VWL.«

Mit 20 viele Jobs gehabt, um das Studium zu finanzieren, um dann später einen Blauen Brief von der Uni zu bekommen, ich sollte das mit VWL doch lieber lassen.

»Life is about: 50 percent Namaste,
50 percent Fuck off!«

Wenn ich eine Business-Bibel schreiben würde, stünde dieser Spruch gleich unter der Widmung. Warum? Ganz einfach: Die Zeilen legen ziemlich genau dar, wie ich in meinem Leben oft gehandelt habe. Intuitiv. Aus dem Bauch heraus. Ohne lange zu überlegen. *Ready?* War ich eigentlich nie. Und schon gar nicht, als ich in die Selbstständigkeit gestartet bin.

Kleines Geheimnis: Meine Business-Idee entstand am Herd – und alle, die mich kennen, wissen, dass ich dort eher selten anzutreffen bin, weil …

a) das einzige Gericht, das ich kochen kann, Rührei ist.

b) Die Herstellung eben dieses Rühreis nicht mal die Bezeichnung »Kochen« verdient und

c) mein Mann Marco als Food-Blogger durchgeht, weil er gut kocht, gutes Essen liebt und somit auch mich gut versorgt. Win-win, quasi.

Zurück zum Thema: Unsere Business-Idee wurde geboren, weil ich mit Marco in der Küche quatschte und darüber motzte, dass ich auf diversen Konferenzen immer nur Typen sah. »Wo sind die ganzen Frauen?«, fragte ich – und fand keine Antwort, denn im Business-Umfeld waren sie durchaus da, die Frauen, die ich auf Tech-Events so schmerzlich vermisste.

Ich nörgelte und nervte. So lange, bis Marco sagte: »Dann mach halt was und bring Frauen zusammen.«

Challenge accepted! Mir lag netzwerken ohnehin schon immer. Ich hatte in meinen Jobs zuvor immer wieder Eventformate veranstaltet, wo es per se meine Aufgabe war, Leute zusammenzubringen und zu vernetzen. Ein Selbstläufer – eigentlich.

Wer jetzt denkt, dass Marco und ich mit unseren Hunden Pauli und Leo in ein schickes Hotel an einen fancy See zur Klausur fuhren, um über rote Teppiche, Champagnerflöten und feine Tartar-Häppchen zum Empfang zu diskutieren, den muss ich enttäuschen.

Ich (ja, *me, myself and I!*) setzte mich an unseren schnöden Ikea-Küchentisch, nahm einen Stift und ein Blatt Papier und schrieb eine Liste. Mit 20 Namen von Frauen, die mir in den Sinn kamen. Die Mail mit Zeit, Ort, Datum und Fakten schickte ich raus, ohne Für und Wider lange abzuwägen. Und ohne zu wissen, wohin das alles führen würde.

Am Tag des ersten Netzwerk-Dinners war ich für Berliner Verhältnisse superpünktlich. Ich war um exakt 19 Uhr vor Ort und es passierte – nichts. Keine war da. Niemand, nada, niente. Ich wollte schon nach Hause gehen, aber dann kamen sie, die Frauen, nach und nach, eine nach der anderen, am Ende waren es zwölf.

Ein Dutzend Frauen, also ein sehr kleiner Kreis, der immer weiterwuchs und größer wurde. Wir brachten das Netzwerk-Format neben Berlin auch nach Hamburg, München und Köln. Weil die Arbeit und der Aufwand intensiver wurden und mein Engagement, Frauen zusammenzubringen, längst kein Hobby mehr war, musste ich mir etwas überlegen, und ich sprang – in die Selbstständigkeit. Aus den lockeren Meetups wurden Veranstaltungen, die Unternehmen sponsorten. Sie waren der Grundstein für die Gründung von *Global Digital Women.*

Was mir damals klar wurde: Das kalte Wasser wird schon warm, wenn du springst und schwimmst. Aber wenn du immerzu am Beckenrand darauf wartest, dass dir jemand Schwimmflügel reicht, wirst du *never ever* in deine Träume und Visionen eintauchen.

Wenn ich mein früheres Ich und die Gründer*innen à la 2023 inzwischen aus Investorinnensicht vergleiche, dann falle ich fast vom Glauben ab. Die heutigen Gründer*innen rattern ihre Pitches aus dem Effeff herunter, bei den Pitch-Decks ist jedes Wort durchdacht, die sind perfekt gelayoutet und sehen toll aus. Das war bei mir null so. Einen Businessplan kannte ich nur aus der Theorie. Ihn ad hoc umsetzen? Storno für Tijen an Kasse 3, bitte …

Ich hatte weder Zahlen noch Daten und Fakten parat, ich wusste nur eins: dass es mir Spaß macht, Menschen zu vernetzen.

Mein Learning aus dieser Zeit: Es braucht nicht immer einen perfekten Plan, an erster Stelle braucht es eine Passion. Eine Sache, für die man brennt. Eine, für die man bereit ist, die berühmte Extrameile zu gehen. Und das Vertrauen drauf, dass es gut wird.

Wenn ich mein erstes Netzwerktreffen zu sehr zerdacht hätte, würde ich wohl immer noch an unserem Küchentisch sitzen, über der Einladungsliste grübeln, während mir Marco ein Abendessen kocht, das über den Status »Rührei« hinausgeht.

Better done than perfect.
Einfach mal machen, könnte gut werden.
Erfolg hat drei Buchstaben: TUN.

Zweifelsohne – Kalendersprüche zum Klugscheißen gibt es auch bei diesem Thema genug. Am Ende sagen sie eins aus: Leg los, auch wenn anfangs nicht alles zu einhundert Prozent sitzt. Denn: Unperfekt ist das neue Perfekt. Egal, was passiert, auch wenn es mal nicht so läuft, wie du es dir vorstellst, wenn ein Invest platzt, ein Job, eine Zusage. Es gilt: Es. Geht. Weiter.

Das Scheitern hilft einem am Ende immer, auch wenn man es in der Situation selbst nicht hören mag. *Fuck-off* – ein Credo, das viel stärker Einzug in unseren Alltag halten sollte.

Zwei Dinge aus Tijens Trickkiste:

1. auf Social Media:
   Unterwirf dich nicht strengeren Maßgaben, als sie für das Bundesverdienstkreuz gelten. Schau deinen Post nur aus einem Blickwinkel an – aus deinem! – und schicke ihn nicht an 15 Leute zum Gegenlesen. Deine Follower*innen verstehen deine Inhalte, auch wenn der Post Rechtschreibfehler beinhaltet. Sie sehen garantiert, wie du dein Profil schärfst, auch wenn sie nicht zwingend deiner Meinung sind.
2. bei Vorträgen und Panels:
   Kein Ding, wenn du dich verhaspelst, rot anläufst oder auch mal ein falsches Slide auflegst. Mit jedem Mal wirst du geübter. Davon abgesehen, wird deutlich: dass du leidenschaftlich mit einem Thema umgehst, spontan etwas aus einer Situation machen kannst und sattelfest in deinem Sujet bist.

Perfektionismus ist so langweilig. Am Ende zählt nur eins: Du musst den Mut haben, es einfach zu machen, auch wenn es nicht perfekt ist und wird.

Auch ich bin nicht perfekt und schaffe nicht alles. Ich bin weder ein Avatar, noch spiele ich die Hauptrolle in einem Rosamunde-Pilcher-Film. Lange Zeit dachte ich, ich müsse alles gut können.

Performen.

Gut drauf sein.

Immerzu abliefern.

Und ich dürfe nicht sagen, dass es mir auch mal schlecht geht, dass ich auch mal nicht kann, dass auch ich Druck habe und ihn mir selbst mache.

Wenn du von Haus aus mit (finanziell) wenig(er) groß geworden bist, denkst du immer: Ich muss einfach stark sein, ich darf jetzt nicht versagen und darf auch keine Schwäche zeigen.

Dass mein Job aber viel Druck und Verantwortung bedeutet, dass ich oft schon schlaflos dalag und mir Gedanken gemacht habe, ob ich nicht versage; versage vor anderen, aber auch vor mir selbst – darüber spricht man nicht.

Unternehmerin zu sein bedeutet für mich auch nicht, perfekt zu sein. Und mit dieser Imperfektion muss ich jeden Tag umgehen.

Ich möchte mit dir teilen, dass ich mit den Erfahrungen gewachsen bin, mit dem Druck und mit dem Wissen, dass auch ich mal heulend im Bett liegen darf – einfach, weil Ängste da sind.

Keine Frage: Die Ansprüche an mich sind in den vergangenen Jahren härter geworden. Die, die ich mir selbst mache. Und die, die andere auf mich projizieren. Alles, was ich sage, schreibe, poste, meine, denke, äußere, wird analysiert. Ich werde sogar analysiert, wenn ich nichts poste.

Ich stehe im Scheinwerferlicht (ja klar, selbst gewähltes Schicksal), und der einzige Raum, in dem ich geschützt bin, ist mein Zuhause mit meiner Familie.

Damit umzugehen ist herausfordernd. Es braucht schon eine gewisse *Fuck-off*-Einstellung, sich nicht alles zu Herzen zu nehmen, und den Mut, sich nackt zu machen, wenn's mal nicht so läuft, oder sich zu entschuldigen, wenn man Mist gebaut hat.

Womit wir einen Flashback in meine Kinder- und Jugendzeit starten …

Sweet sixteen bedeutete für mich, meine freie Zeit in der Stadt zu verbringen. Ich wollte mich nicht anpassen und hatte keinen Bock auf Schule. Ich ging damals auch meinem ersten Aushilfsjob nach, was zur Folge hatte, dass quasi zero Luft zum Lernen blieb und ich auch mal Fünfer nach Hause brachte.

Mittelmaß gab es bei mir nie. Entweder war ich in meinen Fächern richtig gut oder richtig schlecht. Ergo: Philosophie top, Mathe flop.

Später, im Studium, bekam ich die Quittung für mein Laisser-faire. Ich saß in einer meiner ersten VWL-Vorlesungen und verstand null. Ich dachte, der Professor spricht eine andere Sprache, bis ich kapiert habe, dass ich in Mathe ab der siebten Klasse ausgestiegen war.

Ich hatte mit der Wahl meines Fachs eine falsche Entscheidung getroffen und musste den Mut aufbringen, diesen Fehler einzugestehen. Vor anderen und vor allem vor mir selbst.

Meine Lösung: Ich wechselte in die Studiengänge Politik, Geschichte und Öffentliches Recht und lief dort zur Höchstform auf. Meinen Abschluss bestand ich mit eins Komma irgendwas, und meine Magisterarbeit schrieb ich über den Bundespräsidenten.

Wie wichtig es ist, seine *Fuck-ups* öffentlich zu machen, wird mir regelmäßig vor Augen geführt.

Ein Beispiel: Christine Lambrecht, unsere ehemalige Verteidigungsministerin. Bei ihr reihte sich eine Vielzahl von Fehlern aneinander. Unglückliche Umstände, fehlende Expertise, falsche Kommunikation. Das Problem an der Sache: Sie gestand nichts davon ein – bis sie sich zum Rücktritt gezwungen sah.

Das andere, wir hatten es schon: Christian Wulff. Er flog hoch und fiel tief.

Ich war im EU-Parlament, im Bundestag und im Bundespräsidialamt in einem Umfeld unterwegs, in dem Menschen besonders präsent waren, und ich habe genau beobachten können, wie sie mit Fehlern umgehen. Gestehen Menschen Fehler nicht ein, werden sie von ihnen eingeholt. Wer nicht aktiv kommuniziert, was blöd gelaufen ist, riskiert, dass die Geschichte ein*e andere*r erzählt. Und das will keine*r.

Was mir wichtig ist (*watch out,* liebe Frauen!): Wir müssen uns nicht für alles bei jedem*jeder entschuldigen und schon gar nicht dafür, dass wir Frauen sind.

Als Sanna Marin als finnische Ministerpräsidentin lachte, tanzte, feierte und Fotos und Videos davon geleaked wurden, meinte sie: »Ich habe mich mit meinen Freundinnen getroffen.«

Mach's wie Sanna: Lass dich nicht in eine Rolle drängen, und steh zu dir, statt dich zu unterwerfen.

Sei nicht so streng zu dir, wenn …

… in einem Mitarbeiter*innengespräch 15 Prozent des Feedbacks nicht gut ausfallen. Das *Big Picture* passt? Das reicht!
… du lernst, besser Englisch zu sprechen. Du denkst, du machst keine Fortschritte? Von wegen! Nimm in regelmäßigen Abständen Videos von dir auf (*okay, pain in the ass,* es

sei denn, man hat in Oxford studiert), und du wirst sehen, wie du Stück für Stück besser wirst.

... du einen Vortrag versemmelst. Ich habe im Jahr 2022 insgesamt 500 (!) Vorträge gehalten. Da kann nicht jeder von A bis Z sitzen, es wird immer irgendwelche Unwägbarkeiten geben. Was mir hilft, ist Situationskomik. Lächeln, nicken, einen coolen Spruch raushauen.

Ob es Fehler gibt, die ich selbst gern rückgängig machen würde? Nicht unbedingt, aber ich hätte – mit Abstand betrachtet – manches früher entscheiden sollen:

- Mich von Menschen schneller trenne
  Ich dachte, ich dürfte niemanden vor den Kopf stoßen, und schleifte Menschen ewig mit. Aber es war eben wie auf einem Kindergeburtstag, bei dem man die ganze Klasse einlädt, weil man niemanden enttäuschen will. Mit der Folge, dass am Ende niemand richtig mitspielen kann, weil es zu viele sind.
- Loslassen und kein Kontrolletti sein.
  Wer die Reise meiner Unternehmen verfolgt, weiß, dass ich heute die Außenministerin bin und mein Mann Marco der Innenminister ist. Ich wollte lange beide Rollen in mir vereinen und alles managen, das Team führen, planen, machen, tun. Obwohl Marco all das hervorragend umsetzt, dauerte es, bis ich den Umstand akzeptiert habe, nicht *alles* wuppen zu können. Heute erledige ich das, was ich am besten und mit meiner ganzen Energie gut kann: Keynotes halten, den Vertrieb unserer Unternehmen vorantreiben, vernetzen. Heißt also: Ich bin bei uns *Head of* Außenministerium.

Zum Leben und zum Beruf gehört Perfektes und Unperfektes, gehören Höhen und Tiefen. Und auch: weinen, traurig sein, sich zurückziehen. Die ganze Palette der Gefühle zählt auch im Business-Umfeld. Die Krux an der Sache ist, dass Menschen, die echte Emotionen zeigen, gern in die Schublade »Heulsuse« gesteckt werden und als unperfekt gelten.

Oft wird darüber diskutiert, ob man sich im Job verletzlich zeigen darf. Meine Antwort: Ja, darf man, auch in einem Umfeld, das dir nicht so nahesteht.

Die Frage sollte eher sein: Willst du das? Und wie fühlst du dich dabei?

Am Ende ist es eine Frage des Charakters und auch, wie es dir dabei geht.

Meine SOS-Tools, wenn dich Gefühle im Business-Kontext übermannen:

- Fokus.
  Es gab Situationen, gerade in der Politik, da hätte ich am liebsten auf der Bühne losgeheult, weil ich die Antwort auf eine Frage nicht wusste. Oder ein Statement nicht richtig kontern konnte. Augen zu und durch(ziehen), war meine Devise.
- Ehrlichkeit.
  Als im März 2020 das Wort »Corona« erstmals in aller Munde war und die ersten Beschränkungen umgesetzt wurden, war mein *Global Digital Women*-Team am Rande der Verzweiflung. Ein Teil der Erlöse kommt bei uns nun mal aus den Events, und die brachen von heute auf morgen weg. Ich wusste nicht, wie es weitergeht, und hatte keine schnelle

Lösung in der Hinterhand – und habe das auch genauso gesagt. Nur am Rande: Es waren die digitalen Formate, die *Global Digital Women* retteten.

- Offene Kommunikation.
  Mittlerweile sage ich es ehrlich, wenn ich einen blöden Tag habe.

Ich bin der festen Überzeugung, dass man nicht immer stark sein muss, aber wenn ich in einem Raum die Einzige bin, die in bestimmten Situationen Kraft geben kann, dann übernehme ich diese Rolle gern. Stark sein heißt jedoch auch, Schwäche zu zeigen und den Mut haben, zu dieser Schwäche zu stehen. Aus jeder Krise geht man stärker hervor.

Eine Mini-Krise erlebt mein Mann Marco von Zeit zu Zeit. »Ich bin mütend (eine Mischung aus wütend und müde)«, schrieb er vor einigen Monaten auf LinkedIn – weil er bunte Kleidung liebt und anzieht und deswegen seine Kompetenz infrage gestellt wird.

Seit 2012 hat er Anzüge auf seine Blacklist gesetzt und aus dem Kleiderschrank verbannt und wagt es sogar als Führungskraft, kurze Hosen zu tragen. Ironie *off*.

Eine Reaktion, die er bekam: »Nur Briefträger tragen kurze Hosen.« Ein schreckliches Menschenbild.

Auch als Marco bei einem unserer ersten *Digital Female Leader Awards* einen pinkfarbenen Pullover wählte, war das dem Kommunikationschef eines großen Unternehmens zu bunt. Er klagte sein Leid dem Taxifahrer, der Marco wiederum später am Pulli der Schande erkannte und ihm die Story brühwarm erzählte.

Mittlerweile können wir darüber lachen, und diese Geschichte zeigt ganz gut, was in unserer Gesellschaft als perfekt und als unperfekt angesehen wird. Der schickste Anzug sagt auch nichts über die Leistung eines Menschen aus, und doch gehört eine gehörige Portion *Fuck-Off* dazu, hier durchzuhalten und seinen eigenen Weg zu gehen.

Eine gesunde *Fuck-off*-Attitüde lohnt sich auch,

… wenn du einen Job unbedingt willst. Coolness, gemixt mit Gelassenheit, vermittelt deinem Gegenüber, dass du die Stelle nicht brauchst – dein*e Chef*in sich aber glücklich schätzen dürfte, wenn du in seinem*ihrem Team bist.

… wenn du ein Projekt dringend umsetzen möchtest und dein Gegenüber die Idee nicht ernst nimmst. Glaub mir: Lass es los, so schwer es fällt. *Go with the flow (and good things will follow)!*

… wenn dir jemand auf LinkedIn sagt: »Lippenstift lässt das Hirn schrumpfen.« Und du denkst: *Jetzt erst recht!* Launche einen Lippenstift mit Douglas, und mit der besten Community der Welt im Rücken wird er in 36 Stunden online vergriffen sein. Ich bin das beste Beispiel für diesen Case!

»I whisper WTF to myself at least 20 times a day.«

Das passt auf so vieles, oder? Und ehrlich: Es gibt Tage, da flüstere ich mir das nicht nur 20-mal, sondern sicherlich 50-mal zu. Du auch? Willkommen im Club!

KAPITEL 10

No toxic people!

Vom Mut, sich von den falschen Menschen zu trennen

New year – new me! Auf kein anderes Jahr trifft das so sehr zu wie auf mich in 2022. Ich erlebte ein wahnsinnig aufregendes Jahr, aber auch ein Jahr, das ich mir bei einem Streamingdienst nicht unbedingt ein zweites Mal ansehen müsste. Top-Learning für mich: *No toxic people!* Oder, als Quote ausgedrückt: *»Surround yourself with humans who would mention your name in a room full of opportunities.«*

Aber der Reihe nach. Auf den ersten Blick lief es bei mir optimal. Ich stand auf großen Bühnen, um Keynotes zu halten, *Global Digital Women* war erfolgreich wie nie zuvor, und die Start-ups, in die ich investiert hatte, performten auch. *Sunny side up* – nicht!

Denn: Tief in mir spürte ich eine Unzufriedenheit, die ich mir lange nicht erklären konnte. Zeit, mich zu fragen, was mir guttut und was nicht. Und vor allem auch, *wer.*

Mein erster Step: meinen Körper in den Mittelpunkt rücken. Ich musste herausfinden, wie er mit Stress umgeht, was es braucht, damit ich wirklich richtig abschalten kann und wie ich ohne schlechtes Gewissen faule Sonntage einlege.

Schon vor diesen Überlegungen trieb ich Sport, aber stets kompetitiv mit mir selbst.

Höher, schneller, weiter.

Noch mehr Gewichte, noch mehr Training.

Und das zu meiner hohen Geschwindigkeit, mit der ich im Job ohnehin unterwegs bin.

Gleichzeitig schaffte ich es nicht, mich von Menschen zu trennen, die mich runterzogen, statt mich zu beflügeln.

Eine toxische Mischung.

Hätte Britney Spears ihren Hit *Toxic* nicht schon 2003 veröffentlicht, ich wäre die perfekte Lieferantin für diverse Liedzeilen darin gewesen. So perfekt, dass ich mit den Zahlungen der GEMA rentabel ein weiteres Business-Standbein hätte aufbauen können.

Um es auf den Punkt zu bringen: Mir ging es nicht gut, und ich war gezwungen, auf mich und auf meinen Bauch zu hören.

Wann weist mich mein Kopf in die Schranken?

Wann zeigt mir mein Körper meine Grenzen auf?

Wann macht mir Sport Spaß?

Die Antwort auf Letzteres: Wenn ich laufe.

Schuhe an, Welt aus: Für mich ist es mittlerweile zu einem festen Ritual geworden, gleich nach dem Aufstehen zu starten und meine Runde zu drehen. Anschließend die erste Tasse Kaffee und ich bin *ready* für den Tag.

Off-topic: Der erste Termin in meinem Kalender ist erst um 10 Uhr, weil ich festgestellt habe, wie wichtig für mich Me-Time und Ruhe am Vormittag sind.

Aber: Der Sport stellte nur einen Teil des Masterplans dar, den ich mir vorgenommen hatte, um wieder zu der Tijen zu werden, die ich sein wollte.

Kopf gut, Körper gut, alles gut? Genau diese Fragen reflektierte ich und setzte mich mit ihnen auseinander. So, so, so wichtig, weil es die Basis für alles ist.

Für den Job.

Für Partner*innenschaften.

Für Freund*innenschaften.

Was ich, während ich an mir selbst arbeitete, lernte: Es war nicht nur mein Körper, der mich ausbremste, Schuld waren auch toxische Beziehungen. Die schlechte Nachricht vorweg: Lange Zeit merkt man nicht, dass man in ihnen (fest-)steckt, weil sie anziehend und abstoßend zugleich sind.

Die gute Nachricht: Das Umfeld prägt dich zwar immer (du umgekehrt natürlich auch), aber du kannst frei wählen, wer Teil deines Lebens ist und wem du deine Energie schenkst.

Normalerweise bin ich gegen Pauschalisierungen, an dieser Stelle kann ich jedoch sagen: Halte dich von Menschen fern oder trenne dich von ihnen, die dir Kraft rauben und nicht geben.

Das ist nicht einfach, ich weiß – aber es lohnt sich.

Wenn du dich und dein Umfeld reflektierst, stelle diese Gedanken in den Mittelpunkt:

- Kann ich etwas tun, um mein Umfeld positiv zu beeinflussen?

- Welche Möglichkeiten gibt es, so auf mein Umfeld einzuwirken, dass es anders wird?
- Wer und wo sind die Leute, denen ich mich anvertrauen kann?

Auch wenn der Prozess, den ich 2022 durchlief, weit weg war von »*go happy, go lucky*«, kam ich zu einigen Erkenntnissen:

- Mich noch mehr mit Menschen umgeben, die mich empowern.
  Und damit meine ich nicht nur Leute, die seit Jahren an meiner Seite sind und mich begleiten. Manchmal ist es für mich auch nur der Moment. Ein Beispiel: Ich war mittags auf einer Konferenz, und wir beschlossen spontan, abends gemeinsam essen zu gehen. Ich habe mich in dem Moment wohl gefühlt, es einfach gemacht und es genossen. Daraus müssen auch nicht zwingend langjährige Beziehungen entstehen.
- Aufhören, *needy* zu sein.
  Immer alles machen zu wollen. Stets dabei sein zu müssen. Die Wahrheit ist: Wenn ich bei einem Event, in einer Talkshow, bei Was-auch-immer fehle, geht die Welt nicht unter und die nächste Gelegenheit kommt bestimmt.
- Fokus auf das, was ich jetzt aktiv gestalten kann.
  Ich gebe mich nicht mit Dingen ab, die ich ohnehin nicht ändern kann. Wenn ich in der falschen Umgebung bin und nicht reinpasse, lasse ich lieber los.

Kennst du diese Weisheit von Friedrich Schiller: »Drum prüfe, wer sich ewig bindet …«? Der Spruch gilt nicht nur für die Ehe, sondern auch im Businesskontext.

Mit die erste Frage, die ich stelle, wenn Start-ups vor mir pitchen, lauten daher: Wie regelt ihr es rechtlich, wenn im schlimmsten Fall alles auseinandergeht? Wie wollt ihr es lösen, wenn sich mit den Jahren grundlegend unterschiedliche Ansichten herauskristallisieren? Oder, schlimmer: plötzlich Liquidität fehlt?

Genau dann zeigt sich nämlich, wie respektvoll man miteinander umgeht. Oder eben auch nicht.

Mea culpa, dass ich in der Vergangenheit den Fehler gemacht habe und in vielen Fällen genau diese Basics nicht abgeklopft habe. Mit dem Ergebnis: kein *perfect match* mit Partner*innen, Gründer*innen und Co.

Während ich heute alles und jede*n auf Herz und Nieren prüfe, fehlte mir am Anfang schlichtweg der Mut, meine Unternehmenspläne ganz allein durchzuziehen.

Ich schaute also, wen ich ins Boot holen konnte. Viel zu oft, viel zu lange – weil ich (heute kann ich das kaum glauben!) die letzte Entscheidung nicht selbst treffen wollte.

Am Ende war das ungesund – für alle.

Meine MUST-Do's – aus Gründen:

- Begib dich in keine Abhängigkeiten, aus denen du später nur schwer wieder herauskommst.
- Du benötigst kein Regal voller Ratgeber. Alles, was du brauchst, steckt in dir.
- Du, die *One-Woman-Show,* als Gründerin? Das funktioniert, versprochen! Selbst wenn es dir anfangs Angst einflößt – wechsle doch mal den POV, die Sichtweise: Die Wege sind

kurz, schnell und effektiv, weil du dich nicht absprechen musst. Du brauchst niemanden in deinem Team, um visibel für die Wirtschaft, Investor*innen und Kund*innen zu sein. Stichwort: »Marke Eigenbau« – die Marke bist DU.

By the way: Das soll ganz sicher kein Plädoyer für die perfekte Karriere sein, bei der es auf der Leiter nur nach oben und nie seitwärts gehen darf. Der Mut, zu sich und zu seinen Bedürfnissen zu stehen, geht auch immer einher mit dem Unperfekten.

Unperfekt – kann ich! Mein letzter Job als fest Angestellte, bevor ich gegründet habe, war mega-toxisch. Das ging so weit, dass ich mitten im Meeting aufgestanden bin und gekündigt habe. Wie krass verzweifelt kann man sein? Tijen: JA!

Statt mich in der Situation für meinen Mut zu feiern, fühlte ich mich jedoch klein. Auch, weil es in einer Zeit passierte, in der man nicht einfach in den sozialen Medien postete, dass man sich neu orientieren möchte. »*Open to work*« öffentlich aussprechen oder gar in seinem Profilbild auf LinkedIn hinterlegen? *No way!*

Ich weiß also aus eigener Erfahrung, welche Szenen sich in einem Kopf abspielen, wenn man sich in solch einem Momentum verabschiedet. Der Aufwand, es durchzustehen und einen anderen Weg einzuschlagen – extrem.

Niemand *will:*
sich von Menschen trennen.
Sich einen neuen Job suchen.
Sich zu neuen Ufern begeben.

Aber manchmal geht es eben nicht anders. Und glaub mir: Es lohnt sich, den ersten Schritt zu gehen, weil du im zweiten und dritten Moment merkst, wie gut es ist, selbst für Fakten zu sorgen.

Wusstest du, dass Kindergeburtstage ein Super-Vergleich zur Berufswelt sind? Ich selbst war in der Schule nie ein großes Gruppengirl, wollte dennoch zu den Partys von anderen Kindern eingeladen werden. Und war traurig, wenn es nicht passierte.

Wunsch auf der einen Seite – Realität auf der anderen.

Was die Geburtstagparty von damals ist, ist heute das Team, in dem die vermeintlich besten Kolleg*innen *ever* sind. Der Kantinentisch, an dem du gern mit der Cool-Gang sitzen möchtest. Oder der Vier-Tage-Business-Trip, von dem du träumst.

Wenn du dich das nächste Mal daran aufreibst, dass du irgendwo nicht mit von der Partie bist, überlege dir genau, ob die Realisierung deines Traums für dich wirklich soooo erstrebenswert ist oder ob du lediglich einer Illusion hinterherjagst, weil du Teil genau dieser Gruppe sein möchtest. Bist du nicht vielleicht an anderer Stelle viel besser aufgehoben?

- Passt dein Umfeld überhaupt richtig zu dir? Im Job, in deiner Beziehung, in Freundschaften?
- Oder hast du das Gefühl, dich für dein Umfeld verändern zu müssen?
- Und wenn dem so ist: Was kannst du Schritt für Schritt unternehmen, um aus dieser Umgebung herauszukommen?

Mit einer Ausnahme: In geschäftlichen Belangen kann es durchaus auch mal sein, dass du strategisch vorgehen und die eine oder andere Spielregel akzeptieren musst.

In Freundschaften dagegen kannst du dir immer aussuchen, wer deine Partner*innen in Crime sind. Ist das nicht (mehr) der Fall, gibt es zwei Möglichkeiten:

- Klassisch »Schluss« machen, wie man es in einer partnerschaftlichen Beziehung tut. Erklären, dass ihr an anderen Punkten im Leben angelangt seid. Feststellen, dass man so nicht mehr zusammenkommt.
- Falls dir die Kraft und der Mut dazu fehlt: den Kontakt auslaufen lassen. *I know,* zu realisieren, dass eine Freundschaft nicht mehr das ist, was sie einmal war, tut weh. Da die passenden Worte zu finden? Ohne den nötigen Abstand manchmal schier unmöglich.

Damit dir die Motivation dazu leichter fällt, nimm dir hier, was du brauchst. Zeit für Memos!

> *Friendly reminder that you have zero control over how other people perceive you. So you might as well just be the person you want to be.*
>
> *You glow differently when your confidence is fueled by belief in yourself instead of validation from others.*
>
> *Don't fuck around when it comes to the energy you let into your life. Choose places, partners and conversations wisely. They become you.*

»Je höher du steigst, desto einsamer wirst du.« Eine Aussage, die ich einmal in einem Interview gelesen habe und die ich so nur bestätigen kann.

Erfolg macht tatsächlich einsam – nicht, weil niemand mehr etwas mit dir zu tun haben will, ganz im Gegenteil! Die Krux an der Sache: Du musst genau herausfiltern, ob du als Person spannend bist oder ob deine Position spannend ist.

Es kam der Moment, in dem ich besonders bei losen Kontakten aus meinem Netzwerk feststellte, dass da etwas aus dem Ruder lief. Sie luden mich ein. Zum Dinner, zu Geschäfts-Events, zu Preisverleihungen. Und mich beschlich mehr und mehr das Gefühl, dass ich mehr Trophäe als Sparringspartnerin war.

Ob ich vor vier, fünf Jahren auch eingeladen worden wäre? Hmmm, wohl eher nicht.

Es ist wichtig, exakt das für sich herauszufiltern. Und sehr gut, wenn man es hinbekommt. Meine feinen Antennen entlarven jede*n Blender*in.

Ich achte heute sehr darauf, wem ich mich anvertraue, was ich in WhatsApp schreibe und wer in meinen *Inner Circle,* mein »Team Tijen«, mit dem ich mein Leben teile und arbeite, kommt.

Fünf Fragen, die mein Mindset auf ein neues Level gehoben haben (Nachmachen erwünscht!):

1. Wer ist echt an *mir* interessiert?
2. Wer steht zu mir, wenn ich in einer Krise stecke?
3. Wer nimmt den Hörer ab, wenn es mir schlecht geht?

4. Wer fragt zwischendurch, wie es mir geht – ohne Hintergedanken zu haben?
5. Wer freut sich ehrlich mit mir?

Toxisch kann nicht nur dein Umfeld sein – auch die Energie, in der du schwingst, kann giftig sein. Wer unhappy mit seinem Leben ist, projiziert seine Unzufriedenheit oft auf andere.

> *»If you ever catch yourself judging another woman living her best life, her confidence, her self expression, what she posts, the way she dresses – it's not her, it's you.*
> *Time to work on yourself.«*

Leider vergleichen wir uns ständig – gerade durch die sozialen Medien. Da haben die anderen:

- die cooleren Themen,
- die geilere Community,
- mehr Reichweite.

Ich geb's zu: Ich habe mich in den Anfängen meiner Selbstständigkeit sehr stark mit anderen verglichen. Und jedes Mal haushoch verloren. Weil sie einen zeitlichen Vorlauf hatten, die passenden Zugänge oder weil sie schlichtweg besser waren.

Neid ist kein guter Begleiter, wir hatten das schon, und ich schaffe es nun – zum Glück und nach viel Selbstreflexion schon lange, die Erfolge der anderen als Anreiz und Ansporn zu sehen, groß zu denken und meine eigenen Visionen umzusetzen.

Die Frage, woher solche Gedankengänge kommen, treibt mich trotzdem um. Sollen andere nicht wachsen, nur weil man es aktuell – aus welchen Gründen auch immer – selbst nicht kann?

Ein Beispiel: Besitzt jemand in den USA ein großes Haus, denken die Menschen: Wie schaffe ich das auch?

Die Reaktion in Deutschland wäre eher, übertrieben ausgedrückt (aber so wird der Unterschied anschaulich): Dem zünde ich das Haus an!

Oder: Schmückt jemand sein Haus besonders hübsch mit Weihnachtsbeleuchtung, heißt es bei uns schnell: Die Stromrechnung möchte ich nicht bezahlen!

Auch mir schlägt Hass in den sozialen Medien entgegen. Es gibt Tage, da irritiert mich ein Wort so sehr, dass die nächsten Stunden gelaufen sind.

Und es gibt Tage, da kann ich es mit einem müden Lächeln beiseitewischen, dass ich als »Business-Barbie« bezeichnet werde.

Womit ich aber nie klarkommen werde: Wenn Leute (im Netz) lästern, die ich persönlich kenne und mit denen ich zusammengearbeitet habe. Der subtile Hass, der da durchkommt – echt schräg.

Ich habe mir übrigens Folgendes angewöhnt: Immer wenn jemand in meinem Beisein das Auftreten, das Aussehen oder die Ausstrahlung einer Frau negativ kommentiert, sage ich auch etwas. Etwas Gutes. Oder ich frage die Person, die etwas Schlechtes gesagt hat, woher diese Abfälligkeit kommt.

Andere zu diskreditieren und klein zu halten (egal, ob im

Job, in Partnerschaften oder in Freundschaften) ist ein deutliches Zeichen von Schwäche.

Sei dir sicher: Es liegt nicht an dir, wenn andere Menschen über dich urteilen. Es liegt an ihnen. Es ist ihre Perspektive, ihr Urteil und am Ende des Tages ihre Unsicherheit.

Mein Rat:

Prüfe genau, mit wem du dich einlässt.

Trenne dich von Menschen, die dir nicht guttun.

Schleppe niemanden mit, weil du nicht *Goodbye* sagen kannst.

Take care – und achte auf dich.

Als es mir 2022 schlecht ging, nahm ich mir vor: 2023 wird das Jahr des Mutes und des Empowerments. Was für mich bedeutet: nicht zwangsläufig stark sein, sondern mit dem Flow gehen. Aber vor allem bedeutet es: mit den richtigen Leuten an meiner Seite zu gehen.

No more toxic energy in my life – ich bin bereit!

KAPITEL 11

Sprich. Es. Aus.

Vom Mut, die richtigen Worte zu finden

Wusstest du, dass Rosen am Anfang meiner Karriere eine große Rolle gespielt haben? Nein, ich war keine Bachelorette. Ganz im Gegenteil: Als ich Rosen verteilt habe, gab es wenig Glanz, wenig Gloria – von Glamour ganz zu schweigen! Wunsch und Wirklichkeit lagen weit auseinander.

Ich, 2006, gerade mal 20 Jahre alt, hart arbeitend an der Karlsruher Basis. Vor dem Edeka. Im Wahlkampf. Um Stimmen für mein FDP-Mandat im Landtag Baden-Württemberg zu sammeln.

Zu dieser Zeit mussten die meisten den Begriff »Diversität« noch im Lexikon nachschlagen, weil man ihn im Mainstream nicht kannte. Ich dagegen erlebte im Wahlkampf hautnah, was Diversität *nicht* bedeutet.

Von der Omi bis zum »Parteifreund«, dem es nicht passte, dass ich kandidierte. Von Heinz aus Karlsruhe-Durlach bis zum hochrangigen Lokalpolitiker. Fast wie bei einem schlecht inszenierten Wrestling im TV schlug mir die ganze Klaviatur an Argumenten und Emotionen entgegen. Intrigen und Hass inklusive.

Die Einen fanden meinen sozialen Background doof, die Anderen die Steuern auf Bundesebene. Eins einte alle: Ich musste sie als Wähler*innen überzeugen, egal wie. Zur Not mit Rosen oder einem gelb-blauen Button mit meinem Gesicht, auf dem ich ihnen entgegenlächelte.

Jedes Mal überwand ich mich und ging über meine Grenzen hinaus. Mut – mein ständiger Begleiter.

Ich verstand sehr schnell, wer wie tickt und dass nicht jedes Publikum dieselbe Botschaft braucht. Der Wahlkampf und die Politik im Allgemeinen erwiesen sich für mich als bestes Rhetorikseminar. Ein Assessment-Center, das selbst ernannte Coaches heutzutage auf Instagram für viel Geld vermarkten würden, indem sie propagieren, dass 10k Monatsumsatz kein Problem seien.

Oft werde ich gefragt, ob man Rhetorik lernen kann. Ich bin der festen Überzeugung: ja! Natürlich hat das auch viel mit Selbstsicherheit zu tun. Je selbstsicherer du bist, desto egaler ist es dir, was andere sagen.

Nobody is perfekt, deshalb Ohren auf: Deine Kommunikation muss nach diesem Kapitel nicht perfekt passen. Es braucht manchmal mehrere Anläufe, auch bei mir, aber nimm bitte all deinen Mut zusammen, dich auszuprobieren.

Mach weiter, wenn du …

… dich verhaspelst.

… ins Stottern kommst.

… nicht mehr weiterweist.

Zum Mitschreiben: *When someone says you can't do it, do it twice and take pictures.*

Gerade am Anfang meiner Karriere hatte ich von hochpolitischen Dingen nicht immer einen Plan, weil ich erst seit Kurzem den Politik-Zirkus erlebte. Manchmal stellte meine Meinung auch schlichtweg eine andere als die der FDP dar, und ich antwortete in Diskussionsrunden clever: »Ich weiß nicht, was die Parteimeinung ist, aber ich denke, dass …«

Ich blieb mir treu, heute würde man das »authentisch« nennen – für mich war es einfach nur die einzige Chance, ich zu bleiben.

In dieser Zeit lernte ich, genau zu beobachten: Was antworteten die anderen auf dem Panel, wann umschifften sie bestimmte Aspekte – und vor allem: Wie gewinnen sie Zeit für eine überlegte Antwort?

Ein klassischer Politikertrick ist ja: »Das ist eine Super-Frage, aber wir müssen uns eigentlich viel mehr um dieses oder jenes kümmern.« Das perfekte Ablenkungsmanöver, probier's mal aus, wenn dir im nächsten Meeting die Worte fehlen.

Ich liebe es, Talkformate zu schauen und zu überlegen, wie ich auf philosophische Äußerungen reagieren würde. Dabei geht es nicht um das Kopieren der anderen Person, sondern darum, Diskussionen zu üben. Wenn ich eine Reaktion von einem Talkgast passend finde, spule ich zurück und analysiere: Was war gut? Und warum? Das kann Stunden so gehen. Bester Zeitvertreib beim Geschirr abspülen oder Wäsche machen.

Die Benchmarks, die ich bei meiner Hausarbeit erfahre, helfen mir auch bei meinen Vorträgen. Ich halte Keynotes frei, weil ich weiß, dass ich dann am besten bin.

Vom Teleprompter ablesen? Gar nicht meins!

Die Powerpoint-Slides an die Wand werfen? Ach neee!

Mir Witze vorschreiben lassen? Bitte!

Obwohl ich generell nur zu Themen spreche, in denen ich mich auskenne, bin ich jedes Mal aufs Neue aufgeregt. Aber auch das gehört dazu: Aufregung. In mir tobt das volle Programm, wenn ich auf die Bühne gehe: Herzklopfen, Kurzatmigkeit – das Gefühl, »Ich will hier weg!«.

Aufregung hin, Nervosität her, hier zwei Lösungen, mit denen ich mir meinen Mut zurückhole:

Lösung 1: Ich habe auf Kurzwahl immer Freundinnen, denen ich verzweifelt schreibe: »Warum mache ich das alles? Ich schaffe das nicht.« Meine Freundinnen antworten mir: »Du kannst das, du schaffst das.«

Lösung 2: Ich rufe mir in Erinnerung, wie stolz ich auf mich selbst sein kann, hierher, auf die Bühne gekommen zu sein. Wie hart ich dafür gearbeitet habe. Und ich sage mir selbst: *It's not about perfection, it's about progress!*

Beides kein Hexenwerk, aber kleine, einfache Tools, die auch dir im (beruflichen) Alltag Mutmach-Momente schenken können.

Was du auf Veranstaltungen immer umsetzen kannst:

- als Moderator*in: Überlege dir einen guten Beginn und ein gutes Ende. Menschen merken sich den Beginn einer Veranstaltung, und mit dem Ende bleibst du auch in Erinnerung. Du bist außerdem nicht »nur« die Moderatorin – sondern DIE Person, die den Rahmen vorgibt!

- als Panelist*in oder Keynote-Speaker*in: Was ist die EINE Botschaft, die das Publikum definitiv mitnehmen soll? Überfordere dich selbst, aber auch das Publikum nicht: *Keep it short and simple!*
- als Besucher*in: Zeit, die Komfortzone zu verlassen! Ich habe mich immer selbst herausgefordert: Wenn ich es schaffe, aus einem Publikum heraus eine Frage zu stellen, schaffe ich es auch auf die Bühne. Probiere es aus!

Alles in allem: *Learning by doing.* Für dich gibt es ab heute nur eine Richtung: nach vorne – und ich gehe an deiner Seite!

Ins Scheinwerferlicht zu treten erfordert Mut. Egal, ob es sich um die Bühne auf einer Veranstaltung handelt oder darum, in einem Meeting die Stimme zu erheben. Oder auch ein Projekt im Unternehmen zu präsentieren. Ich weiß, dass der erste Schritt nicht einfach ist, und kann dir aus Erfahrung sagen: Auch der zweite und dritte Schritt werden nicht einfach sein.

Aber dennoch: Bleib dran. Denn du verdienst es, gesehen und gehört zu werden. Und denke immer daran: deine Sichtbarkeit, deine Regeln – du musst nicht laut sein, um gehört zu werden.

Aber an einer Sache kommst du nicht vorbei: es überhaupt zu tun, den Schritt in die Sichtbarkeit zu wagen. Ein Wagnis, das du immer wieder aufs Neue eingehen musst. So wie ich, als ich für eine große Moderation gebucht wurde. Tausend Menschen, tausend schwarze Anzüge.

Von Sekunde eins an merkte ich: Das ist nicht die *loving community,* die mich sonst erwartet. Ich machte einen »Witz«, um die Stimmung zu lockern. Keiner lachte.

Immer wieder versuchte ich, das Publikum für mich zu gewinnen. Ohne Erfolg, die Gesichter blieben regungslos, wie versteinert.

Ich war noch nie so erleichtert wie nach dieser Veranstaltung. Aber auch das gehört dazu: Sich Momenten wie diesen zu stellen und den Mut aufzubringen durchzuhalten.

Fun Fact: Monate später bekam ich die Anfrage für eine andere Moderation. Ich war von jemandem empfohlen worden, der mich auf besagter Wir-gehen-zum-Lachen-in-den-Keller-Veranstaltung gesehen hatte. Und ich wurde empfohlen mit den Worten: »Die kann was. Wer ein spaßbefreites Publikum über Stunden erträgt und dabei so locker bleiben kann, kann alles moderieren.«

Überhaupt ist Schlagfertigkeit für mich ein echtes Machtinstrument. Wenn mich jemand unterbricht, sage ich gern: »Willkommen in meinem Satz, ich bin gespannt, wie Sie ihn zu Ende führen …«

Auch nett: »Das ist ein schönes Vorurteil, ich bin froh, dass du es hier noch einmal reproduzierst, jedoch …« Es war Moderator »Micky« Beisenherz, der den Spruch von mir zu hören bekam, weil er mir in der Talkshow »Kölner Treff« klarmachen wollte, dass Frauen nicht aufstehen würden, wenn es um bestimmte Jobs ginge.

What?!

Die Reaktion in meinem Kopf war schon *ready,* bevor Micky es überhaupt ausgesprochen hatte.

Tijen: 1, Micky: 0.

Die Reaktion war aber eben auch *ready,* weil ich *ready* war. Ich war vorbereitet, ich war fit in meinen Themen, und ich kenne natürlich die meisten Vorurteile rund um Frauen und Karriere.

Für dich bedeutet das: Kenne deine Themen und vertraue deiner Schlagfertigkeit. Sie ist in dir – und selbst, wenn dir mal die Worte fehlen: Auch das kann ein machtvolles Stilmittel sein – mal nichts zu sagen.

Übrigens: Mich nervt es hart, dass bestimmte Fragen nur an Frauen gerichtet werden. Ich bin schon einmal im Live-Fernsehen gefragt worden, ob ich auch als Mutter so erfolgreich wäre.

Es ist müßig, sich das zu überlegen, weil ich, erstens, keine Kinder habe und zweitens mit Marco ein Partner an meiner Seite ist, der – im Falle einer Familiengründung – seinen Teil dazu beigetragen würde. Ich kann viel, aber keine unbefleckte Empfängnis wie Jungfrau Maria.

Ich bin mittlerweile dazu übergegangen, Fragen, denen sich wir Frauen in Interviews stellen müssen, umzudrehen und Eins zu Eins zurückzuspielen.

Stell dir vor, folgende Fragen bekäme ein Mann in einem Wirtschaftsmagazin gestellt – Achtung: absoluter Gamechanger.

Sie gelten als echter Powermann: Wie schaffen Sie es, Familie und Beruf zu vereinbaren?

Ihre Anzüge sitzen oft sehr eng, haben Sie Angst, auf Ihr Äußeres reduziert zu werden?

Wie haben Sie es geschafft, sich gegen alle anderen Frauen bis zu dieser Position durchzusetzen?

Sind Sie ein Role Model für junge Männer?

Vermissen Sie Ihre Kinder?

Schaffen Sie es, neben Ihrem harten Verhandlungsgeschick auch die weiche Seite zu zeigen?

Wie ist es Ihnen gelungen, in Ihrer Position ernst genommen zu werden?

War es schwer, in Teilzeit CEO zu werden?

Wer war Ihr Vorbild?

Führen Sie anders als eine Frau?

In unserer Diversity-Beratung erlebe ich mit unserem Team, dass es oft um tradierte Rollenbilder geht. Zum einen werden Frauen Fragen gestellt, die an Männer nie herangetragen werden würden. Zum anderen wird es für selbstverständlich genommen, dass es bestimmte Rollen nur für Frauen gibt.

Indem man das bewusst macht, tut sich schon mal etwas in den Köpfen – trotzdem: Es ist noch so, so, so viel Arbeit, für mich ist das erst der Anfang.

Zurück zur Schlagfertigkeit! Um dich zu beruhigen: Du musst nicht immer superschlagfertig sein! Auch mir fallen von Zeit zu Zeit erst im Nachhinein die besten Konter ein.

Was habe ich schon alles durchgespielt?! Beim Laufen oder unter der Dusche.

Monologe.

Dialoge.

Battles.

Jedes Mal dachte ich mir: *Den coolen Spruch musst du dir merken! Aufschreiben.*

Und dann, in der nächsten passenden Situation, kommt er mir nicht mehr in den Sinn.

Oder er passt nicht.

Oder er ist nicht mehr witzig. Nichts ist schlimmer, als krampfhaft die wunderbare Carolin Kebekus raushängen zu lassen.

Denn, ganz ehrlich – es reicht zu wissen, wie und dass du reagieren *könntest*. Ob du den Joker ziehst, bleibt dir überlassen.

Mir hilft es, dass ich Leute in meinem Umfeld habe, die mich in Sachen Sprache herausfordern. Mein Mann Marco ist einer davon. Wer ihn kennt, weiß: Es gibt niemanden, der so klug und lustig Dinge auf den Punkt bringt. Keiner macht das so schlau und smart. Er entlarvt Blender*innen schnell, besitzt ein Repertoire an passenden Antworten, das Schlagfertigkeitstrainer*innen erblassen lässt.

Vielen Gedanken, bei denen ich meine, sie schon zu Ende überlegt zu haben, gibt Marco kurz vor Schluss einen neuen Twist. Er schenkt meinen Ideen nicht selten den nächsten Ansatz. Gibt den alles entscheidenden Ratschlag.

Eine echte Challenge, da mitzuhalten, aber in der Summe ein Gewinn, um daraus zu lernen, um an meinen Worten, meiner Argumentation und meiner Kommunikation zu feilen.

Kommunikation lässt sich üben. Auf der Straße mit Fremden, beim Kaffeeklatsch mit der Familie und Freund*innen, in Verhandlungen mit Führungskräften.

Vergiss eins dabei nie: Lass dir von anderen nicht die Welt erklären und hab den Mut, ein Ausrufezeichen für dich zu setzen ohne Wenn und Aber.

Vielen fällt es schwer, für sich einzustehen. Doch nur, wenn *ich* weiß, wer ich bin, und ich auch öffentlich dazu stehe, werden es andere wahrnehmen und akzeptieren.

Wenn du das nächste Mal für dich einstehen musst, sei es im privaten Gespräch, im Business-Kontext oder wo auch immer, dann erinnere dich auch daran:

- Sei deine eigene beste Freundin … und beweise für sie Verhandlungsgeschick, weil du das Beste für sie herausholen willst.
- Nutze das Stilmittel der Gegenfragen: »Wie kommst du darauf?« Oder: »Wo genau ist die Quelle für deine These?«

Egal, wie schrecklich die Situation sein mag: Führe dir immer vor Augen, dass du es wert bist, und mache deine Haltung klar. *You are a rockstar!*

Vorbereitung ist übrigens Queen, egal, ob Vortrag, Projekt-Pitch oder Gehaltsgespräch:

- Mach dir genau Gedanken darüber, was beim Gegenüber hängen bleiben soll.
  Ich will beispielsweise als versierte Unternehmerin wahrgenommen werden und überlege mir, was diesen Ausdruck verstärkt.
- Keine Metaphern!
  Sag, was du willst, was du dir vorstellen kannst, woran du Interesse hast. Wie oft sind schon Dinge an mich herangetragen worden, und ich habe es schlichtweg nicht gecheckt, weil sie verklausuliert vorgetragen wurden und mein Kopf so voll war.

- Nenne dein Angebot!
  Das bedeutet: Zwischenbotschaften weglassen, aktiv an- und aussprechen, dass du den Job, eingeladen werden, ein Teil der Jury sein oder an den Entscheidungstisch willst.

In Verhandlungen nutzte ich das *1-4-3-Tijen-Prinzip*: Ich visiere *eine* Sache an, die ich unbedingt erreichen will. *Vier* Themen schlage ich meinem Gegenüber vor. Auf *drei* kann ich am Ende verzichten.

Kommunikation bedeutet für mich aber auch nicht, nur für mich zu kommunizieren, sondern auch anderen Frauen den Raum zu geben, den sie brauchen und möchten, um ihre Punkte klarzumachen. Wenn andere Frauen zum Beispiel neben mir auf einem Panel sitzen und nach den passenden Worten suchen, sie aber nicht finden, würde ich ihnen niemals ins Wort fallen und *Womansplaining* betreiben – also etwas erklären, was mein Gegenüber schon weiß, und so die Kompetenz der anderen Person herabsetzen. Ganz im Gegenteil: In solchen Fällen nehme ich meine Mitstreiterin (im Nachhinein) zur Seite, spreche ihr Mut zu und sage ihr, was für eine tolle Expertise sie hat.

Auch beim Redenschwingen zeigt sich das gelebte *Female Empowerment:* den Punkt einer anderen Frau in einem Meeting unterstreichen und ihr beipflichten, wenn ich ihrer Meinung bin.

Sehr lässig fand ich zum Beispiel Sanna Marin und Jacinda Ardern, als sie in ihren Funktionen als (damalige) Ministerpräsidentinnen gemeinsam eine Pressekonferenz abhielten. Ob sie sich wegen ihres ähnlichen Alters und ihrer sicherlich doch auch ähnlichen Interessen treffen würden, wollte ein Reporter wissen.

Wie abgefahren kann eine Frage sein?

Der Konter von Jacinda Ardern: Ob der Reporter diese Frage auch für Barack Obama oder John Key auf dem Zettel hätte.

Aber klar, wer kennt es nicht: Da treffen sich zwei Politikerinnen und reden nur über Jungs und Fashion. So wie ich mit meinen Vorständinnen über *girls stuff* quatsche und wir uns gegenseitig die Nägel in den Trendfarben der Saison lackieren – Ironie *off*.

Wenn ich könnte, hätte ich Sanna Marin und Jacinda Ardern für diese Reaktion auf einem Siegertreppchen ganz nach oben auf Platz eins gestellt, einfach großartig!

Genau das braucht es: Prominente Menschen, die aufzeigen, dass solche Fragen einfach nur bescheuert sind.

Eine weitere Übung in Sachen »Kommunikation« für dich: kurz und knapp, das beherzige ich beispielsweise in Vorstellungsrunden. Hier gebe ich nicht Eins zu Eins meinen Lebenslauf wieder, sondern erkläre mein »*Why*«.

»Ich bin Tijen Onaran, und mein Herzensanliegen ist Diversity, deshalb habe ich die Unternehmen *Global Digital Women* und *ACI Consulting* gegründet.«

Ich finde den Zugang über das eigene Motto, das eigene Ziel sehr smart – und schnappte das auf meiner ersten USA-Reise bei einem Mitglied der Delegation auf. Nicht nur Talkshowformate können deine *Workshops-on-demand* sein, sondern auch Menschen, mit denen du dich umgibst. Unbedingt dein Umfeld genau anschauen, Verhalten adaptieren, auf dich zuschneiden!

Erinnerung an dich: Die beste Kommunikation ist doch die, die selbstbestimmt und vor allem deine ist. Deshalb ist mein Motto schon immer gewesen: *Ich* erzähle meine Geschichte, bevor es andere tun. Dazu zählt, wie ich spreche, was ich sage, was ich aber auch nicht sage. Ob digital oder analog.

Ich weiß, dass es auch hier wieder Mut erfordert, sichtbar in die Kommunikation der eigenen Themen zu gehen. Aber mache dir immer bewusst: Menschen werden dich immer wahrnehmen – egal, ob du es willst oder nicht. Aber auch egal, ob du es in die Hand nimmst oder jemand anderes. Also mache es lieber selbst!

Deshalb überlege dir: Was ist der richtige Ort für deine Kommunikation und Sichtbarkeit – ist es das Eins-zu-Eins-Gespräch mit einer Person, die dich im Ziel deiner Kommunikation unterstützen kann? Oder ist es der Social-Media-Post? Auch im Internet lässt sich Schlagfertigkeit lernen! Und selbst wenn du nur in Gedanken durchgehst, wie du auf Beiträge reagieren würdest, und letztlich doch nicht öffentlich kommentierst – übe dich in deiner Reaktion, mache dich fit für dich selbst, nicht für andere!

Apropos Internet: Meine Posts laufen am besten, wenn ich sie aus der Emotion hochlade. Einen Redaktionsplan? Will ich nicht. Was ich dagegen möchte: mir meiner Message immer wieder aufs Neue klar werden.

Über die Jahre haben sich die Botschaften definitiv geändert. Ich bin noch lauter, noch ambitionierter, noch *bolder*. Auch, weil ich inzwischen in mir gefestigt bin.

Für eine gute Kommunikation mit anderen sei gut mit dir. Dafür musst du keine Mandalas ausmalen und keine Meditationen anhören. Schon gar nicht musst du Liebesbekundungen mit dem Hashtag *selflove* auf Instagram posten. Ich bin mir aber sicher: So wie du mit dir sprichst, wird dich auch dein Gegenüber spiegeln.

Wenn du also das nächste Mal in eine Situation kommst, in der du die richtigen Worte finden musst: Sprich. Es. Aus. Stell dir vor, ich sitze auf deiner Schulter und flüstere dir leise ins Ohr: Du. Kannst.

KAPITEL 12

Wer nicht fragt, hat schon ein Nein kassiert

Vom Mut, Forderungen zu stellen

Bei manchen Beschäftigungen verliere ich mich in Zeit und Raum und schalte total ab. Trainingsstunden mit meiner Tanzlehrerin Laura sind so ein Beispiel. Ein anderes: Kleiderschrank sortieren. Nach Farben, Looks, Jahreszeiten. Was für mich auch mediativ wirkt: Horoskope lesen. Ich finde mich in den Beschreibungen wieder. Widder-Frauen gelten als unabhängig, durchsetzungsstark und energiegeladen (Hand hoch: *Who's in?*). Und es stimmt, ich scheue mich nicht vor dem Risiko, bin belastbar und stelle Forderungen. Denn: Wer nicht fragt, hat schon ein Nein kassiert.

Die einen lieben wie ich Horoskope, die anderen Märchen von Disney. Wobei manche sagen, dass Horoskope und Märchen ohnehin ein und dasselbe seien.

Märchen sind an sich eine gute Sache: Sie schaffen Kindheitserinnerungen und regen Kinder zum Träumen an. Prunkvolle Schlösser, prachtvolle Kleider, die Frisuren *on point*.

Das Problem: Die Protagonistinnen in Märchen warten –

auf den Prinzen, der sie rettet, auf den Glitzerstaub, der von oben kommt, und darauf, dass sich Dornenhecken auf wundersame Weise selbst zerstören. Was vor vielen Jahren kreiert und inszeniert wurde, hat sich im Hinterkopf festgesetzt und geht da auch nicht mehr raus.

Die Folgen (Achtung, kein Happy-End-Content an dieser Stelle!): Viele Frauen hoffen, dass sie entdeckt und gerettet werden – statt über sich und ihr Wirken zu *sprechen,* damit möglichst viele Menschen davon erfahren.

Frauen lassen Mitbewerber*innen in der Regel den Vortritt, weil sie niemandem etwas wegnehmen wollen (schon gar keine Jobs).

Frauen möchten gefragt werden: für ein Projekt, für einen Podcast, für einen Speakerinnen-Auftritt – dabei wäre es clever und smart zugleich, proaktiv selbst den Hut in den Ring zu werfen und die Hand zu heben.

Dazu passt ein interessantes Gespräch, das ich neulich führte. Mit einer tollen Frau mit spannender Vita und Super-Fähigkeiten auf ihrem Gebiet.

Ihr Wunsch: sich positionieren, um an neue Jobs zu kommen und somit aufzusteigen.

Die Wirklichkeit: Sie fand nicht statt, weil die Leute nicht auf sie aufmerksam wurden.

Für sie war es ganz schön frustrierend, nach vielen erfolgreichen Jahren beruflich eine solche Durststrecke zu erleben.

»*Never underestimate the power of an aries women*« stand genau am Tag unseres Gesprächs in meinem Horoskop. Ein Spruch, der nicht besser passen könnte – auf mich als Widder-Frau und Unternehmerin. Ehrensache also, dass ich meiner

Gesprächspartnerin vorschlug, in Aktion zu treten und nicht in Schockstarre zu verharren.

Bedeutet konkret (auch für dich!):

- Nicht darauf spekulieren, dass ein Headhunter auf dich zukommt, sondern eine Liste machen, in oder mit welchem Unternehmen du gern arbeiten würdest. Das Fleiß-Upgrade hierzu: Überlegen, welche Position dein Portfolio erweitern würde. Bewirb dich initiativ: Was bringst du in die Firma mit? Welchen Nutzen hat sie von deiner Arbeit? Wie ist sie durch dich besser für die Zukunft aufgestellt? Sei deine größte Fürsprecherin und trau dich, es laut auszusprechen!
- Budgetplanungen über den Haufen werfen, indem du deinen Chef oder deine Chefin auch mitten im Jahr nach einer Gehaltserhöhung fragst und so schon vor Quartal vier aka Jahresende aktiv wirst, wo die meisten ihre Honorartöpfe fürs kommende Jahr verteilen.
- Ansprechpartner*innen recherchieren. Wenn du ein bestimmtes *(Female Empowerment-)*Event cool findest und dort auf der Bühne stehen möchtest, dann googele, wer für die Speaker*innen zuständig ist. Gleiches gilt in der Öffentlichkeitsarbeit, für Zeitungen und Zeitschriften, Diskussionen bei Netzwerktreffen, Instagram-Lives … Licht aus, Spot an: *The stage is yours!*

Agieren statt reagieren. Diese Art der Selbstbestimmung ist genau mein Ding (ein absoluter *Gamechanger!)*, weil ich mir sicher bin: Mit diesen Aktionen schaffst du dir Möglichkeiten, die du im Moment noch gar nicht kennst. Wetten, dass sich neue Chancen ergeben, sobald du die Fortbildung, die Gehaltserhöhung, das neue Aufgabengebiet aktiv einforderst …?

Wenn du fragst, besteht die Option auf ein Ja oder zumindest auf ein Vielleicht.

Wenn du nicht fragst, ist die Antwort zu hundert Prozent ein Nein.

Einfacher kann Wahrscheinlichkeitsrechnung nicht sein (so viel weiß sogar ich als ehemalige VWL-Studentin, die gegen ihren Willen exmatrikuliert wurde).

Mein erster Autorinnenvertrag ist *genau so* zustande gekommen. Ich habe entschieden, ein Buch zum Thema »Netzwerken« herauszubringen, und anschließend recherchiert, welche Verlage passend wären. Das perfekte Match fand ich in einem Fachmedien-Verlag.

Was ich bisher kaum jemandem erzählt habe: Bevor ich mein erstes Buch, »Die Netzwerkbibel«, in den Händen halten konnte, bekam ich viele Absagen. Von Verlagen. Von Literaturagent*innen. Ich sei ein *No Name* und das Netzwerken an sich ohnehin nicht stark genug als Thema für ein Buch.

Andere hätten an dieser Stelle womöglich aufgegeben, ich nutzte meine Hörner als Widder-Frau und boxte mich – sinnbildlich – durch. Mit Erfolg! Ich legte so den Grundstein für meine Karriere als Autorin und schicke an dieser Stelle Grüße raus an eben genannte Nein-Sager*innen. *Here I am!*

> *»Don't ever make decisions based on fear.*
> *Make decisions based on hope on what should happen,*
> *not what shouldn't.«*

Ich liebe dieses Zitat von Michelle Obama, weil es einfach so wahr ist. Und jede*r von uns kennt es doch: Ob es darum geht, ein Buch zu veröffentlichen, einen neuen Job anzunehmen oder Investor*innen für seine Gründung zu suchen.

Ich habe es selbst auch so oft erlebt, dass ich dachte: *Was, wenn es nicht klappt?* Statt zu sagen: *Was,* wenn *es klappt?*

Die meisten Menschen scheuen sich davor, Dinge für sich einzufordern, weil sie Angst vor Abwehr und Zurückweisung haben, sie wollen keine Bittsteller*innen sein.

Der wichtigste Punkt ist und bleibt dabei: Wenn dir Menschen sagen, sie glauben nicht an dich oder deine Idee, dann: mach weiter. Das Einzige, was wir im Leben aufgeben sollten, sind Briefe.

Du packst das nicht, du schaffst das nicht, das funktioniert nicht: Lass dich nicht von solchen Sprüchen aufhalten. Im Gegenteil: Sie müssen dein Ansporn sein, deine Pläne trotzdem umzusetzen – noch toller, noch größer, noch visionärer. Eine Trotzreaktion – aber eben in cool und souverän.

Als Marco und ich *Global Digital Women* gegründet haben, sagten viele: zu nischig, zu speziell, zu uninteressant. Heute haben wir tolle Unternehmen aufgebaut und erfinden uns ständig neu.

Gerade Frauen wird gern mal mitgegeben, sie sollten Schritt für Schritt machen, nicht so schnell und nicht alles auf einmal. Wer Frauen unterschätzt, verschätzt sich. In schwierigen Situationen und Mut-wanted-Momenten hilft mir neben meinem *Inner Circle* auch mein »Vorbilder-Kabinett«. Da sitzen Menschen an meinem imaginären Tisch, die ich inspirierend finde. Und ich frage mich: Was würden *sie* tun? Wie würden sie entscheiden?

Angst wäre nicht ihr Ratgeber, kommt mir dann in den Sinn … Und ich denke wieder an das Zitat von Michelle Obama.

Wenn du das Leben leben möchtest, das du dir erträumst, musst du den Mut aufbringen, es aktiv anzugehen. Diese Tipps steigern deine Chancen auf Erfolg.

- Ruf dich ständig in Erinnerung, um bei anderen auf dem Zettel zu sein. Dazu gehört auch, dass du dich immer und immer wieder ins Gespräch bringst. Das kann ein Anruf oder eine geschriebene Karte sein. Menschen denken in Momenten, in denen sie einen Job oder ein Projekt zu vergeben haben, immer an die Personen, mit denen sie zuletzt im Austausch waren.
- Intros machen lassen und um Empfehlungsschreiben bitten. Von Kolleg*innen, von Bekannten, von Freund*innen – weil nichts über persönliche Connections geht.
- Hab den Mut, aktiv auf Social Media zu posten. Das zeigt: Hier bin ich, ihr könnt auf mich zukommen! Die Steilvorlage für alle, mit dir in den Austausch zu gehen. Nur wer sichtbar ist, findet auch statt (ein Klassiker aus dem Einmaleins der Ratschläge und der Titel meines zweiten Buches – *#werbung*).

Mein Journal, in dem ich mir auch meine Erfolge aufschreibe, ist perfekt dazu, meine Ziele zu visualisieren.

Darin finden sich beispielsweise Talkshows, in denen ich zu Gast sein möchte, um meine Botschaften zu platzieren. Oder Lifestyle-Brands, mit denen ich gern arbeiten würde beziehungsweise arbeiten werde – schließlich bin ich mir sicher, dass das eines Tages passieren wird, weil ich aktiv daran arbeite, diese Visionen Realität werden zu lassen.

»Ich will hier rein!«, soll Ex-Bundeskanzler Gerhard Schröder der Legende nach bereits in den 1980er-Jahren vor der Regierungszentrale in Bonn gesagt haben. Das hätte ich sein können.

Denn: Deine Gedanken erschaffen deine Realität. Auch wenn's mal länger dauert, ist es entscheidend, dass man für sich sagt: Das ist mein *Big Picture,* da will ich landen. Visualisieren, Situationen durchdenken, sie sich genau vorstellen, sich im Anschluss nicht vom Weg abbringen lassen – das ist kein Hokuspokus, keine Magie, sondern einfach nur *straight.* Diese vielen Puzzleteile machen am Ende das große Ganze aus.

Ein Nein nervt dich? *Same here!* Aber: Ich verliere nicht, entweder ich gewinne oder ich lerne.

Womit wir bei der folgenden Frage wären: Wie lange sollte man dranbleiben?

Meine Meinung: Nachdem du zwei Neins für dasselbe Projekt kassiert hast, solltest du deine Energie auf etwas anderes lenken und schauen, dass es weitergeht. Mit einem anderen Projekt. An einem anderen Punkt. Und ja, vielleicht auch mit anderen Menschen.

Zugegeben: Einfacher gesagt als getan, schließlich war ich selbst schon mehrmals in der Situation. Im Bundespräsidialamt wollte ich beispielsweise Referentin für Integration werden. Mit Christian Wulff als Bundespräsidenten war alles gesetzt, es fehlte nur noch das finale Go, dann wäre die Stelle von mir besetzt gewesen. Hätte, könnte, wäre: Christian Wulff musste zurücktreten. Weil Joachim Gauck folgte und mit ihm eine komplette Mischung im Amt, hatte ich hier also nicht einmal die Chance, ein zweites Mal nachzufragen.

Leute kamen. Leute gingen. Freiwillig. Unfreiwillig – wie ich, deren Vertrag nicht verlängert wurde. Die Wunschstelle, die ich mir in meinen Träumen so sehr ausgemalt hatte und auf die ich auch durch meine Sozialisation perfekt passte – passé.

»Enttäuschung am Limit« beschreibt es ganz gut. Zwei Jahre Arbeit – mit dem Rücktritt von Wulff schneller zwischen meinen Fingern zerronnen als der Sand der Türkischen Riviera.

Was ich dir hier sagen möchte: Du kannst dich noch so sehr für etwas einsetzen, engagieren, dich selbst empowern – manchmal sind es nicht einmal Menschen, die Absagen erteilen, sondern Situationen, Umstände, Unwägbarkeiten, für die du nichts kannst. Und dennoch: *If you never try, you never know …*

Nach meinem Abschied aus dem Bundespräsidialamt (und einer möglichen Stelle als Referentin für Integration) fiel ich in ein Loch.

Mein Selbstwert – klein.

Die Learnings, die ich daraus zog – umso größer.

Ich hatte Fragen.

Und ich fand Antworten.

Es war der Moment, in dem ich merkte: Ich muss mich komplett neu aufstellen.

Ich analysierte für mich: Bleibe ich in dem politischen Raum? Meine Antwort: vielleicht.

Will ich wieder in den Partei-Apparat wie damals bei der FDP einsteigen? Nein.

Werde ich Referentin für einen Abgeordneten oder eine Abgeordnete? Auf gar keinen Fall, weil ich damit durch war (ich wüsste nicht, was mich nach der Arbeit für Silvana Koch-Mehrin und Guido Westerwelle, für den ich auch tätig war, dahingehend noch hätte reizen können).

In ein Ministerium gehen? Auch keine Option.

Aufgrund mangelnder Möglichkeiten und weil ich nicht ohne Job dastehen und auf der Straße landen wollte (ja, solche Szenarien spielte ich in meinem Kopf durch), heuerte ich bei der *Quadriga Hochschule* an, den Leiter hatte ich zuvor bei einer Veranstaltung kennengelernt (ein Hoch aufs Netzwerken!). Ich wurde Pressesprecherin, rief das Event »*Quadriga trifft*« ins Leben und brachte in dem Rahmen Catherine von Fürstenberg-Dussmann und Hans Dietrich-Genscher als Redner*innen an die Hochschule, was richtig gut ankam. *By the way,* trotz aller Erfolgsmeldungen kassierte ich bei der Organisation der Events viele Neins.

Wenn ich an damals zurückdenke und im Nachhinein reflektiere, ergibt alles einen Sinn, auch wenn ich es damals und im Moment der Absage(n) nicht hätte hören wollen. Der Weggang aus der Politik, die Zwischenstation bei der *Quadriga Hochschule* …

Es sind doch gerade die Momente des Scheiterns, des Unperfekten, die uns wieder nach vorn bringen.

Bitte immer dran denken: Lass dich nicht von der Vergleicheritis treiben, sondern mach dein Ding und achte auf dich!

In meinen *Fuck-up*-Momenten habe ich die besten Erfolgsgeschichten geschrieben, weil sie mein Leben durchgerüttelt haben und ich selbst meinen Status quo infrage gestellt habe. Ich musste mir Gedanken über Alternativen machen. Und die Decke über dem Kopf liefert *keine* Alternativen, auch wenn die Vorstellung manchmal schön ist.

Meine Eltern haben mir mitgegeben, dass es nichts gibt, was ich nicht schaffen kann. Aber auch: »Du willst einen Job? Dann sieh zu, dass du einen Kontakt dahin bekommst und dass du auf die Person zugehst. Tu etwas, sei in Aktion. Wenn du etwas möchtest, erhebe deine Stimme und fordere es ein. Und wenn es nicht klappt, dann ist es auch okay, wir glauben weiter an dich.«

Ein Nein ist nie ein Nein zu dir als Person. Hier zu differenzieren, Absagen nicht persönlich zu nehmen, motiviert weiterzumachen und das Vertrauen in dich selbst zu behalten ist eine große Kunst.

Szenenwechsel: Du bewirbst dich auf einen Job oder eine Projektausschreibung. Alles sieht danach aus, dass es funktioniert. Die finalen Unterschriften sind nur noch Formsache. Alle sind im Flow, sagen: Das wird richtig, richtig gut. Und dann kommt das Signal: Äh, nein, doch nicht.

Obwohl – oder gerade weil – ich Unternehmerin bin, sind solche Erlebnisse bei mir an der Tagesordnung. Und ich muss auf die Bremse drücken, Budgets überdenken, die Aufgaben im Team neu verteilen.

Dabei rufe ich mir ins Gedächtnis: Nur weil eine Person nein sagt, bedeutet das nicht, dass eine andere Person auch nein sagt.

Meine Schritte, um mit Absagen klarzukommen:

Step 1: Sprachnachrichten als Heul-Podcasts an Freund*innen schicken. Ich lasse dabei alles raus, rede mir meine Sorgen von der Seele – und höre es selbst noch einmal ab, nachdem ich es losgeschickt habe. Verrückt, aber für mich die pure Selbsttherapie. Ommm!

Step 2: Ablenkung: Laufen in der Natur, Hardcore-Shopping, neue Cafés testen. Ablenkung tut gut, ist gut.

Step 3: Netflixen und/oder Reels schauen. OMG, wenn es Netflix noch nicht geben würde, müsste es erfunden werden. Das Gleiche gilt für Reels. So banal viele von ihnen sind, bringen sie mich doch zum Lachen und sind Wellness für meinen Kopf. Wer mir auf Instagram folgt, weiß, dass ich meine Follower*innen an schlechten Tagen damit zuballere.

Meine Selbstzweifel sind zum Teil riesig. Was, wenn ich scheitere und meine größte Enttäuschung bin?

Auch wenn von außen alles toll aussieht, hinter all meinem Handeln, meinem Unternehmertum und meinen Erfolgen steht ständiges Infragestellen und ganz viel Kopfzerbrechen.

Gerade in den Anfängen unseres Unternehmertums standen Marco und ich oft mit dem Rücken zur Wand. Und so geht es vielen Menschen, die gerade aufsteigen oder Start-ups gegründet haben. Jedes Nein kann das Aus bedeuten, und dann wirst du bis ganz unten durchgereicht, weil du kein Netzwerk hast. Falsche Investitionen haben dann schlimmere Folgen als die Prophezeiungen von Nostradamus. Als Arbeiterkind gibt es keinen Wattebausch, auf den du weich fällst. Wenn du kein finanzielles Polster hast, kannst du das nur mit Arbeitszeit ausgleichen – das ist das Kapital, das du einbringen kannst.

Damit du die Chance, ein Nein zu kassieren, auf ein Minimum heruntersetzt:

- Lerne, dich in wenigen Sätzen selbst vorzustellen, um dich zu platzieren. Was machst du, warum, und was ist dein Angebot? Frag dazu vorab gern dein Umfeld, wie es dich beschreiben würde. Kurz, knapp, gut.
- Bereite dich vor, bevor du die erste Anfrage stellst, wenn du auf der Suche nach einem Mentor oder einer Mentorin für deinen Support oder deine Idee bist. Schau nach, welche Projekte auf dem Tisch sind, was die Personen, die du ansprechen möchtest, zuletzt auf Social Media gepostet haben. Je besser du dich auskennst, desto wertiger ist deine Anfrage. Gleiches gilt für Unternehmen, Projekte, Engagements.
- Mach einfach, ohne groß nachzudenken, denn manchmal hilft der Zufall. Das kann dich durchaus auch weiterbringen. *Overthinking is out.* Ich bin zu Beginn meines Berufslebens in Berlin mal in das Zimmer eines Staatssekretärs gestiefelt und ließ das Vorzimmer (unabsichtlich!) links liegen. Hundert Prozent nicht Usus in einem Ministerium, aber hundert Prozent Tijen. Und hundert Prozent die Erkenntnis: Politiker sind auch nur Menschen, und nun war es eben so, dass besagter Staatssekretär mich kannte. *So what,* es gibt Schlimmeres?!

»Nobody is coming to save you« gilt für falsche Abbiegungen ins Büro eines Staatssekretärs ebenso wie für Investitionen, Alternativen im Job und das Leben im Allgemeinen. Es kostet viel Mut, sich selbst ins Spiel zu bringen. Aber niemand wird

das für dich tun. Natürlich gibt es Menschen, die dich fördern und weiterempfehlen. Aber den ersten Schritt kann und muss man sogar selbst machen. Frag andere, wenn du weiterkommen willst, und warte nicht darauf, dass jemand dein Leben in die Hand nimmt. Denn dann begibst du dich in eine Abhängigkeit. Setze dir Ziele und arbeite daran. Immer mit Spaß und Leichtigkeit und mit der Prämisse, dich – auf lange Sicht – nicht von deinem Ziel abbringen zu lassen.

Schreibe jetzt die Mail, die du immer schon schreiben wolltest.

Führe jetzt das Gespräch, das du immer schon führen wolltest.

Bewirb dich jetzt für den Job, ...

Jetzt machen. Nicht warten.

Perfektion ist der absolute Killer in diesen Fällen. Ich habe festgestellt: Jedes Mal, wenn ich versuche, nach Perfektion zu streben, versage ich. Dann will ich am liebsten alles hinschmeißen, auswandern und am Ende gar nichts mehr machen.

Aber ich erinnere mich daran, dass ein Nein nichts Schlimmes ist, denn: *NO* steht für *Next Opportunity.*

KAPITEL 13

Ich muss gar nichts!

Mut zur Selbstbestimmung

Ich bin eine Frau mit vielen Talenten. »Tausendsassa« wurde ich einmal in einem Presseartikel genannt. Und ja, ich bin eine Tausendsasserin. Nicht, weil ich es sein wollte. Sondern, weil ich es sein musste, um mir aus dem Nichts alles aufzubauen. Ehrgeiz, Engagement, Einsatz – das braucht es, um zur Aufsteigerin zu werden. Ich mache, was ich will, wann ich will und wie ich es will. Auch wenn das nicht immer allen gefällt: Es ist Zeit für einen Wechsel, Zeit für Wandel, Zeit für Selbstbestimmung.

Wir schreiben das Jahr 2023. Ich bin Keynote-Speakerin bei einer tollen Veranstaltung in Halle (Saale). Es sind Vertreter*innen aus der Wirtschaft und aus der Politik da. Kurz bevor die Veranstaltung losgeht, werde ich verkabelt. Ein führender Politiker geht an mir vorbei, hält kurz inne und sagt: »Und? Was machen Sie heute hier? Sind Sie die Tänzerin des Abends?«

Mir fällt gerade noch dieser Konter ein: »Ne, tanzen Sie heute Abend? Das wäre doch viel spannender.«

3, 2, 1 … *Freeeeeeze* – und wie in Slow Motion mein fragender Blick an einen anderen, einen jungen Mann in der Runde, von dem ich mir erhoffe, dass er mir zur Seite springt. Aber er schlägt in die gleiche Kerbe: »Du brauchst dich nicht zu wundern, wenn du so einen Fummel trägst.«

Für die beiden Herren ist mein Kleidungsstil also ein »Fummel«. Für die anderen ist es schlicht ein roter Anzug. Und für mich ist er seit diesem Tag ein Teil einer Erfahrung, die mir einmal mehr gezeigt hat, warum der Einsatz für Diversity wichtiger denn je ist und dass ich niemals müde werden darf, mich dafür einzusetzen, Schubladendenken aufzubrechen und zu hinterfragen. Ich muss gar nichts – und schon gar nicht, dumme Kommentare unkommentiert stehen lassen.

Weil Menschen wie der Politiker in Halle (Saale) in Schubladen denken, teilen sie alles ein. Menschen, Meinungen, Migrationshintergründe. Es macht beispielsweise einen großen Unterschied, wo die Wurzeln einer Person liegen, ob sie aus einer türkischen oder einer französischen Familie kommen.

Schon mal bemerkt, dass Mehrsprachigkeit unterschiedlich gewertet wird? Spricht man Französisch als zweite Muttersprache, ist das kultiviert und très chic. Bei Türkisch oder Arabisch (auch anwendbar auf Polnisch, Ungarisch und Co.) schrillen sämtliche Alarmglocken, und Vorurteile ploppen auf.

Ich finde Mehrsprachigkeit eine großartige Sache und wünschte, meine Türkischkenntnisse wären besser (Memo an mich: Ich muss sie dringend auffrischen!).

Mehrsprachigkeit – ein Geschenk, darin zeigt sich doch

Vielfalt. Ebenso wie mit einer Keynote-Speakerin, die selbstbestimmt den schwarzen Blazer im Schrank lässt – und mit einem roten Anzug Farbe ins Spiel bringt.

Die Wahrheit: An jenem Abend fällt es mir nach der Aktion verdammt schwer, meine Identität, meine Ideale und meine Werte zu verteidigen, und ich muss mich nach der Aktion von besagtem Politiker erst einmal sammeln. Statt super-selbstbestimmt fühle ich mich schrecklich solo. Allein, weil weder Marco noch ein anderes Mitglied meiner *(Female) Squad* mir zur Seite stehen kann. Sie sind an dem Tag bei anderen Terminen eingebunden. Zu gern hätte ich Marco als bessere Hälfte oder alle anderen als Wingwomen an meiner Flanke gehabt und mich mit ihnen live ausgetauscht. Das iPhone in meiner Hand, fliegen immerhin die WhatsApps zwischen meinem *Inner Cirle* und mir hin und her.

Wie ich die kommenden Stunden bewältigen soll? Es rattert in meinem Kopf.

Mit dem Ergebnis: Plan A mit meinen engsten Vertrauten in meinem Rücken ist nicht möglich, es müssen die anderen 25 Buchstaben des Alphabets herhalten.

Dabei muss ich mich wirklich bemühen, mich auf das Programm auf der Bühne zu konzentrieren. Insbesondere, weil die beiden Männer, die mit ihren Worten derart übergriffig waren, direkt vor mir in der ersten Reihe des Publikums sitzen.

Ob ich mich in diesem Moment geärgert habe? Es war eine Mischung aus Unverständnis, Erstaunen und der nochmaligen Erkenntnis, dass mir das im öffentlichen Raum widerfahren ist.

Als ich in meiner Keynote auf Schubladendenken zu sprechen komme, thematisiere ich offen, was mir gerade passiert ist. Ein Raunen geht durch den Saal, und obwohl ich den Namen auf der Bühne nicht nenne, weiß der Politiker natürlich sehr genau, dass er gemeint ist. »Mist, das war ich!«, lese ich von seinen Lippen in Reihe eins ab.

Viele sprechen mich danach an und wissen, wie viel noch zu tun ist. Es ist müßig und ein langer Weg, wirklich zäh. Meine Arbeit und die Arbeit von allen, die sich für Diversity einsetzen … *»Die unendliche Geschichte«,* Teil 275.

Randbemerkung: Der Veranstalter rief mich im Nachgang des Abends an und entschuldigte sich. Er betonte, dass er mich genau deshalb geholt habe, weil ich für das Thema »Diversität« stehe. Ich nahm die Entschuldigung an, weil der Veranstalter nicht die Wurzel des Übels war, sondern der Politiker, der wie ich eingeladen worden war.

Ich werde solche Spielchen nicht mitspielen, werde immer aufstehen, wenn andere und ich ungerecht behandelt werden – selbst wenn es »nur« um ein Kleidungsstück geht. Ich möchte mich und andere nicht in Schubladen einsortieren lassen. Ich möchte selbst entscheiden, was ich wie tue, und auch, was ich anziehe. Und müssen tue ich gar nichts!

Ich bin angetreten, um in der Gesellschaft und in der Wirtschaft die Spielregeln neu zu definieren und die Karten komplett neu zu mischen. Ich wünsche mir, dass sich alle öffnen, damit möglichst viele Perspektiven am Tisch sitzen. Für das beste Produkt. Die beste Innovation. Für unsere Zukunft.

Obwohl ich weit hinten gestartet bin und viele Leute überholen musste, besitze ich mittlerweile ein Super-Standing.

Ich bin selbstbewusst genug, um gesellschaftspolitische Themen anzusprechen.

Willensstark genug, um Grenzen, die mir andere setzen, zu überwinden.

Mächtig genug, auf dass mir mit solch einer Aktion keine*r was kann.

Und trotzdem hatte ich vor meiner Keynote auf dem Event kurz Sorge, eine unkluge Entscheidung zu treffen, falsch zu reagieren und die Veranstaltung fluchtartig zu verlassen – nicht umsonst schrieb ich mein Umfeld per WhatsApp an und fragte um Rat.

Dinge, die ich dir gern als Learning von diesem Abend mitgebe:

- Erhebe deine Stimme und traue dich, Dinge offen und ehrlich anzusprechen. Dein Leben, deine Spielregeln. Und nur so schaffst du Veränderung.
- Sag Stopp! Und mache für dich selbst fest, was dir wichtig ist, im Job, in Verhandlungen, in Beziehungen. Du definierst deine Norm.
- Eine (Mini-)Krise, wie ich sie an diesem Abend erlebt habe, wird immer wieder mal kommen, bringt aber Stärke und Resilienz mit sich. »*What doesn't kill you makes you stronger*« – so wahr!

Was 2023 leider noch Realität ist: Mein Erlebnis in Halle (Saale) haben andere Frauen auch. Mal mehr, mal weniger heftig. Allerdings oftmals im Eins-zu-Eins und nicht wie ich im öffentlichen Raum. Heimlich, still und leise wird Frauen gesagt, was sie zu tun haben, wie sie zu sein haben, was sie zu sagen haben.

Ich sage: zu viel Bewertung. Bei mir fing es an, als ich in der Politik tätig war. Ich habe jedoch festgestellt, dass es nicht an mir liegt, sondern an der Bewertung der anderen. Es ist die Meinung anderer und nur eine Meinung. Es erfordert Mut, zu sich selbst zu stehen, sich nur dann zu verändern, wenn man es auch wirklich selbst möchte – aber es geht. Sehr gut sogar.

Du musst gar nichts, außer jeden Tag aufs Neue die Entscheidung treffen, du selbst zu sein.

»Ja« zu neuen Chancen zu sagen – und »Nein«, wenn Kompromisse lauern und Grenzen überschritten werden.

Endlich ein unabhängiges und selbstbestimmtes Leben zu führen, ohne Entschuldigungen, Rechtfertigungen und Konjunktive.

Und: den Mut zu haben, die eigene Stimme zu nutzen.

Für mich war meine Stimme in bestimmten Situationen die einzige Chance, auf mich aufmerksam zu machen oder mich zu wehren. Meine Stimme ist der Grund, warum ich als die Unbequeme gelte, die mit rotem Anzug und Lippenstift wie ein Klischee auf zwei Beinen daherkommt.

Dabei mache ich mich (und andere) gern frei von Klischees. »*Come as you wish*« war beispielsweise einmal der Dresscode des *Digital Female Leader Awards*. Ich sah vor meinem inneren Auge schon ein Repertoire von Jogginghose bis Jackett auf dem Event an mir vorbeiflanieren – doch stattdessen waren die Leute maximal verwirrt. Was sie denn anziehen sollten, wurde ich vielfach gefragt.

Na, »*as you wish*« – wie du es dir wünschst.

Wir reden immer von Vielfalt, aber wir leben sie nicht oder trauen uns nicht, sie zu leben.

Ganz oft bekomme ich beispielsweise Anfragen von CEOs, die sich mit mir über Diversity austauschen und ein Stück von meiner Strahlkraft abbekommen wollen. Dann recherchiere ich, spreche mit Leuten, die die Unternehmen und das Umfeld kennen, besuche die Homepage … und merke, dass man zwar die Frauenquote erhöhen möchte und einträchtig am *Christopher Street Day* die Regenbogenfahnen schwenkt, weil es en vogue ist, aber echter Fortschritt? Steht augenscheinlich nicht auf der Top-Agenda.

Die Führungsriege ist nicht divers, es gibt keine geschlechtsneutrale Ansprache, und es fehlt an einer inklusiven Kultur. Unternehmen wollen häufig in der öffentlichen Wahrnehmung besser dastehen und dem Zeitgeist entsprechen, wirklich gelebt wird Diversity aber nicht.

Genau diese Unternehmen sind auch das Paradebeispiel, wenn es um Anfragen zum *Weltfrauentag* am 8. März geht. Ob ich sprechen und eine Keynote halten könne – kostenlos natürlich. Es sei für eine »gute Sache«. Für Diversity. Für das Wohl der Frauen. Und überhaupt – es sei doch sowieso mein Thema.

Lass mich kurz überlegen … nein!

Weil ich mich für *Female Empowerment* einsetze, heißt das noch lange nicht, dass ich für Firmen, die das Thema bespielen wollen – und wohlgemerkt Millionenumsätze vorweisen –

umsonst arbeite. Es sei denn, der CEO verzichtet auch auf sein sechsstelliges Gehalt …

Und noch mal zum Thema »(keine) Vielfalt«. In meinen Anfängen und bevor ich *Global Digital Women* gründete, schaute ich mir Frauennetzwerke an. Lange Zeit und richtig viele. Wohl fühlte ich mich in keinem so richtig. Ich hatte das Gefühl, dass alle aus dem gleichen Stall kommen. Unterschiede in Alter, Ausbildung, Level, Herkunft? Das sah ich nicht! Mich trieb das Gefühl um, meine Persönlichkeit abgeben zu müssen, das war nicht der Vibe, den ich leben und nach außen tragen wollte.

Du kennst das Ergebnis – ich gründete meinen eigenen Frauenstammtisch.

Das Echo damals – nicht sonderlich *empowering*. Ich sei eine Nestbeschmutzerin. Kopiere andere Netzwerke. Es gehe nur um mich als Person. Zu viel Eigenmarketing, zu wenig Gemeinsinn.

Jahre später kamen genau diese Kritikerinnen auf mich zu und luden mich ein – zu sich auf ein Panel. Weil ein weiteres Netzwerk eben auch eine Ergänzung sein kann. So sehe ich das zumindest. Wenn sich andere auch meinem Thema widmen, dann zeigt das doch die Relevanz des Themas in all seiner Vielfalt. Synergien zu schaffen ist klasse, es ist jedoch nicht immer sinnvoll, stur irgendwo anzudocken und mitzulaufen.

Ich bin überzeugt: Zu einer Weiterentwicklung gehört Veränderung, und dass du den Status quo infrage stellst. Das, was wir alle machen, muss immer wieder angepasst werden, damit wir mit dem Zeitgeist gehen. Ein Umstand, den viele nicht verstehen oder nicht verstehen wollen.

Der beste Beweis, dass man gar nichts muss und als einzelne Person Veränderung anstoßen kann, wenn man sich traut, sich gegen Normen und Konventionen aufzulehnen, ist für mich Greta Thunberg. Mit ihrem Schild saß sie vor dem *World Economic Forum* und startete damit eine weltweite Bewegung. Nicht in jedem*jeder von uns schlummert eine Greta Thunberg, aber deinen Werten treu bleiben, das kannst du immer, indem …

… du im Meeting dagegenhältst.

… auf Social Media eine unpopuläre Meinung vertrittst.

… einfach du bist und nicht das tust, was andere von dir erwarten.

Nicht der Norm zu entsprechen erfordert viel Mut. Ich behaupte, ich bin meinen Prinzipien und Werten immer treu geblieben. Natürlich habe ich mich auch mal ablenken lassen und auf Panels gesprochen, die ich heute absagen wurde – das buche ich für mich rückblickend unter »Erfahrung« ab.

Meine Top-Werte:

- Wenn ich anfangen muss, mich zu verbiegen, und ich mich dabei verliere, dann ist es das nicht wert. Konkret: Sobald es Vorgaben für eine Moderation gibt, welche Farben ich zu tragen habe, wie ich agieren soll, wie ich Talks zu lenken habe, sage ich ab.
- Respektvoller Umgang. Auf einem Panel ist es okay, dass man sich auch mal fetzt, aber wenn Leute ein bestimmtes Niveau verlassen, dann sprengt das mein Limit. So wie ich Leute im *real life* blockieren kann, kann ich sie auch auf Social Media blockieren … Und tschüss!

- Humor und Leichtigkeit. Ich liebe es, wenn Leute über sich selbst lachen können. Augenzwinkern, sich selbst mal durch den Kakao ziehen, sich selbst nachahmen, das ist richtig, richtig groß.

Leider limitiert sich ein Großteil der Menschen, weil der Mut zur Selbstbestimmung fehlt. Understatement fahren – wer kennt's?

Lass uns ein kleines Spiel spielen: Sag mir, dass dir der Mut fehlt, ohne zu sagen, dass dir der Mut fehlt:

Du stapelst tief.

Du lässt anderen den Vortritt.

Du minimierst dich.

Du machst dich klein.

Du entwickelst gerade eine Idee? Sie muss perfekt sein, damit du sie verkündest.

Du bist im Rennen für einen Top-Job? Sag's lieber noch niemandem.

Dein Business läuft super? Pssst, das könnte Neider*innen auf den Plan rufen!

»Wer Visionen hat, sollte zum Arzt gehen«, meinte Ex-Bundeskanzler Helmut Schmidt einmal. Ich halte dagegen: »Wer Visionen hat, sollte sie leben und andere damit anstecken!«

Früher dachte ich: Ich muss möglichst viel von meiner Weiblichkeit, von dem, wie ich eigentlich sein möchte und auch einfach bin, abgeben, um angenommen und akzeptiert zu werden, um im Job weiterzukommen, um »Karriere« zu machen.

Sagte mir jemand, »Sei etwas lauter im Auftreten«, tat ich

es. Wenn dann wieder jemand sagte, »Halt dich zurück«, tat ich es auch.

Ich habe mich immer und immer wieder so verunsichern lassen. Und heute spiegeln mir viele Frauen genau das: dass ihnen gesagt wird, wie sie zu sein haben, damit sie weiterkommen.

Irgendwann habe ich mich damit auseinandergesetzt und begriffen, dass ich genau richtig bin, wie ich bin.

Ich muss nicht blöde Machtspielchen mitmachen, um weiterzukommen, sondern ich gehe meinen eigenen Weg – und dazu gehört wie in Halle (Saale), meinen roten Anzug anzuziehen.

Da fällt mir ein: Wie wäre es eigentlich, nach meinem roten Lippenstift eine Modekollektion mit roten Anzügen auf den Markt zu bringen?

The sky is the limit! Ich muss gar nichts – und schon gar nicht mich selbst limitieren.

KAPITEL 14

Ich bin eine Emanze

Mut zum Feminismus

Es gibt Fragen, die würden die meisten bei »Wer wird Millionär?« direkt einloggen. Eine davon: »Was ist eine Emanze?« Die Antwort (nachzugoogeln im Internet): »Eine zumeist abwertend gebrauchte umgangssprachliche Bezeichnung für eine Frauenrechtlerin oder Feministin.« Ich gestehe: Ich bin eine Emanze. Denn entgegen allen Vorurteilen: Emanzen sind nicht spaßbefreit und stehen sich selbst im Weg – es sind Frauen wie du und ich. Cool, mutig, empowernd und vor allem: mit ganz viel Spaß und Leidenschaft bei der Sache!

Als ich vor sechs Jahren die ersten Interviews gegeben habe, ließ ich mich in eine Ecke drängen.

Reporter: »Frauen müssen an sich arbeiten!« Tijen: »Oh ja.«

Mehr machen? Sicher, auch das.

Selbstbewusster auftreten? Allerdings!

Ich bekenne mich schuldig: Ich habe alldem zugestimmt. Natürlich bin ich immer noch der Auffassung, dass Mut Teil deiner DNA sein muss, wenn du etwas erreichen willst.

Für eine wirkliche Veränderung in der Wirtschaft und in der Politik braucht es jedoch auch eine echte Mindset-Veränderung bei allen, die Entscheidungen treffen. Es führt kein Weg daran vorbei, sich für Feminismus einzusetzen. Denn Frauenrechte sind Menschenrechte. In einer Zeit, in der viel im Umbruch ist und man sich für Demokratie einsetzen muss – und dazu gehören Gleichberechtigung und Frauenrechte nun mal –, stellt sich nicht die Frage, *ob* ich mich für Feminismus starkmache, sondern *wie*!

Einen Beitrag zur Emanzipation leiste ich unter anderem mit einem Hintergrundkreis, in dem ich seit vier Jahren Top-Entscheiderinnen zusammenbringe. Bevor ich den exklusiven Zirkel ins Leben gerufen habe, hatten die Frauen zwar schon voneinander gehört, wirklich vernetzt waren sie aber nicht.

Die Teilnehmerinnen – streng geheim.

Fotos – Fehlanzeige.

Der Raum – geschützt für alle.

Details – dringen nicht nach außen.

Pssst … Ein paar Geheimnisse lüfte ich an dieser Stelle trotzdem gern: Insgesamt hundert Frauen umfasst meine Liste, dreißig bis vierzig handverlesene Frauen kommen pro Event. Aufsichtsrätinnen, Geschäftsführerinnen, Vorständinnen, das »Who is who« der deutschen Wirtschaft. Jedes dieser Treffen findet an einem anderen Ort statt, mit einer anderen Gast- und Impulsgeberin.

Bei einer der ersten Veranstaltungen sprach eine Impulsgeberin, die kurz vorher ihren Vorstandsposten abgegeben hatte. Nie vergesse ich, wie die Ex-Vorständin aus dem Nähkästchen plauderte:

Wer auf diesem Level mit wem gut kann.

Was topsecret bleiben soll.

Wie man es schafft, sich durchzusetzen.

Kurz gesagt: Wir erfuhren vom Leben und Arbeiten einer Vorständin, offen und ehrlich wie nie zuvor!

Insights, die uns alle weiterbrachten.

Mutig, denn bis dato hatten mir Frauen auf Vorstandsebene immer wieder vermittelt, dass das Thema »Feminismus« zwar wichtig sei, sie sich aber nicht dazu äußern wollten. Die Angst, als »Kampf-Emanze« zu gelten, saß zu tief. Wer es endlich nach oben geschafft hat, möchte seinen Status nicht gefährden …

Ein besonderes Hoch darum auf die ehemalige Vorständin, die vor allen anderen Tacheles redete. Aber: Eine reicht nicht aus, und ich wünsche mir mehr Mut, über Feminismus zu diskutieren.

Ab sofort auf deiner To-do-Liste, damit sich jede*r emanzipieren kann:

- Vernetze dich strategisch.
  Auch wenn du heute glaubst, dein Netzwerk nicht zu brauchen, bist du morgen vielleicht schon froh, dir Rat von anderen einholen zu können und Unterstützung zu bekommen.
- Nimm Aufgaben an, die dir aufgetragen werden, und sorge für Sichtbarkeit.
  Als ich im Bundespräsidialamt gearbeitet habe, prägte Christian Wulff den Satz: »Der Islam gehört zu Deutschland.«

Fieberhaft wurde im Amt jemand gesucht, der das Thema inhaltlich bespielen konnte. Erst duckte ich mich weg, dann sagte ich zu. Weil ich durch meinen familiären Background so viel näher an dem Thema dran war als alle anderen (auch wenn meine Eltern nicht religiös sind).

- *The more the merrier!*
  Sobald du deinen Platz am Tisch hast, besetze den Platz neben dir mit einer anderen Frau. Und nein, das ist keine versteckte Frauenquote. Die Kausalität »Frauenquote = keine Kompetenz« lasse ich nicht gelten. Diese Debatte erinnert doch sehr ans Mittelalter, als die meisten Menschen noch der festen Überzeugung waren, es wäre gut, sich innerhalb dicker Stadtmauern zu verschanzen.

Ich bin ein Fan von Frauennetzwerken, sie sind wichtig und richtig, weil das Thema »Feminismus« damit in den Mittelpunkt rückt. Die wahre Veränderung findet aber im Hintergrund statt und geht über den aktuellen Trend des *Female Empowerments* hinaus.

Diese Macht passiert im Stillen. Das beste Beispiel? Richtig, mein Hintergrundkreis. Ich habe festgestellt: Je öfter ich ihn ausrichte, desto stärker halten die Frauen zusammen. Bedeutet konkret: Sie supporten und empfehlen sich – für Aufsichtsratsmandate, für Beiratsposten und für vieles mehr. Und das ermutigt wiederum mich, am Thema dranzubleiben.

Mut zu eben dieser Macht – den kann jede Einzelne von uns aufbringen. Es ist Aufgabe von uns allen, Macht aktiv einzufordern und anzunehmen.

Macht kann Gutes bewirken und bringt Gestaltungsmöglichkeiten mit sich, auch wenn der Begriff »Macht« heute noch oft negativ besetzt ist, zumindest, wenn Frauen sie für sich beanspruchen.

Auch hier – die altbewährten Doppelstandards: Ein Mann, der Macht möchte, wird als selbstverständlich wahrgenommen. Eine Frau, die Macht einfordert, hat Haare auf den Zähnen.

Zwei weitere Beispiele für Hart-und-unfair-Ungerechtigkeiten: In der Medizin werden Medikamente an Männern getestet, und die Unfallsicherheit wird in der Auto-Industrie auf männliche Körper ausgerichtet.

Das Männliche ist Basis für so vieles, und das muss sich ändern!

Weil Mannsein und Frausein seit Jahrhunderten von Stereotypen geprägt ist, bevorzugen Personaler*innen für Stellen, für die durchsetzungsfähige Personen gefordert sind, eher Bewerber*innen mit kantigen Gesichtszügen, eckiger, hoher Stirn und breiten Schultern, wie die Mannheimer Diplom-Soziologin Anke von Rennenkampff in ihrer Doktorarbeit herausfand. Das bedeutet für Frauen, die sich darauf bewerben: dunkle Businessfarben, zurückgebundene Haare und unaufdringliche Accessoires.

Hallo, Alte Welt – willkommen in den neuen Zeiten! In denen Frauen ihren Spaß an Mode, an Beauty und am Feminismus ausleben und trotzdem erfolgreich sein können.

Ich habe irgendwann sehr bewusst entschieden, mich für Emanzipation einzusetzen. Ich möchte das Thema bewusst besetzen und sehe es als meine Pflicht und Verantwortung an, mich zu engagieren.

Ich glaube, dass wir einen neuen Feminismus feiern. Einen, der inklusiv ist, nicht exklusiv. Der alle Menschen und auch Männer einschließt. Herkünfte und Sozialisationen. Über Generationen hinweg.

Dazu kommt: Die Inhalte des Feminismus haben sich mit den Jahren verändert. Während Frauen früher dafür kämpfen mussten, wählen und ein Bankkonto einrichten zu dürfen, sind im 21. Jahrhundert der Kapitalzugang für Frauen und die Gender-Pay-Gap relevante Topics.

Soll heißen: Die Aspekte der Emanzipation hören nicht auf, sie haben nur eine andere Ausprägung, sind anders gelagert.

Heute bin ich mutig genug, zur Gegenargumentation anzusetzen, wenn jemand mit seinen Fragen impliziert, dass Frauen mehr sein müssten. Anders. Besser.

Selbstverständlich kontere ich die Kommentare, die mir auf Instagram Horst und Dieter entgegenwerfen. Ich stehe für mich und andere ein, weil ich weiß, dass ich mit meinen Statements Vorbild für Frauen bin, …:

… denen man solche Sprüche in mittelständischen Unternehmen oder Corporates, in der traditionellen Geschäftswelt, reindrückt.

… die dumme Kommentare über Dritte erfahren.

… über die hinter hervorgehaltener Hand gelästert wird.

Social Media – ein Tool, das den Zugang zur Macht und zur Emanzipation verändert hat und das du auch für dich nutzen kannst.

Wie? Mit deiner Reichweite und mit deiner Stimme.
Steht auf, sei laut – gern *bold* und *bright!*

Der Grundstein für den Wunsch zur Emanzipation wurde bereits in meinem Elternhaus gelegt. Mein Vater ist auf weibliche Unabhängigkeit bedacht wie kaum ein anderer. Sein Credo, das er mir seit jeher mitgegeben hat und an das du dich ab sofort immer erinnern darfst:

Stehe auf eigenen Beinen.
Sei unabhängig von anderen Menschen.
Mach dich frei von der Meinung anderer.

Ohne zu übertreiben – von Tag eins an wiederholte er diese Glaubenssätze mantramäßig für mich. Auch, weil seine Erfahrung ihn einiges gelehrt hatte: Er war Architekt und musste nach seinem Umzug nach Deutschland ganz neu starten. Er wurde als »der Türke« abgestempelt, wie er mir später erzählte. Eine ganz besondere Art von Emanzipation – sich gegen alle Widrigkeiten von außen durchzusetzen, und ich bin sehr stolz auf meinen Vater, dass er das geschafft hat und sich ein gutes Leben aufgebaut hat. Emanzipation wird meist mit Frauenrechten und der Unabhängigkeit der Frau in Verbindung gebracht – Stichwort »Emanze«. Aber nicht nur, wie das Beispiel meines Vaters eben zeigt.

Meine Mutter ist auch emanzipiert – aber auf andere Weise als mein Vater. Sie lebt ihr Frausein sehr, ist die weltbeste Netzwerkerin und sagte schon immer: »Jeder Mensch hat sein Päckchen zu tragen, und ich mache keine Unterschiede qua Position.«

Aussagen, die mir später in der Politik und in der Wirtschaft halfen, mich zu emanzipieren, wenn andere mit Positionsgeschacher und eingekaufter Macht ihre Befindlichkeiten pflegten.

Last but not least: Mein Mann Marco, der absolut fit ist im Thema, dir Studien zur Geschlechtergerechtigkeit im Schlaf nennen kann und mein *Number-one*-Befürworter ist. Nur nebenbei: Marco bekommt mindestens genau so viel Gegenwind wie ich, wenn er sich für Feminismus einsetzt. Und auf der anderen Seite: viel Applaus, dass er sich für Feminismus einsetzt.

Der *best practice case* in Sachen »Gleichberechtigung« wurde in meiner Familie gelebt. Ein Stück weit aus der Not heraus, weil meine Eltern keine Wahl hatten und arbeiten gehen mussten.

Wenn ich bei meinen Freundinnen hörte, dass sich die Mama um die Kinder kümmerte, dachte ich, ihr Beruf sei Nanny.

»Den Papa um Haushaltsgeld bitten«: Ein Satz, den ich ebenfalls aufschnappte, der bei uns jedoch nie fiel.

Zudem herrschte in unserer Familie stets das tiefe Verständnis, dass ich selbstbestimmt aufwachsen und als eigenständiges Wesen meinen Weg gehen würde.

Als ich 17, 18 war, konnte ich die feministischen Werte, die ich von zu Hause mitbekommen hatte, nicht richtig deuten und einordnen. Emanzipation sah ich als selbstverständlicher an, als sie es am Ende des Tages tatsächlich war.

Mit dem Einstieg in die Politik prasselte die Realität auf mich ein. Man wollte mir klarmachen:

… dass es in der Politik Usus sei, als »kleines Mädchen« abgetan zu werden.

… dass ich die Spielregeln mitspielen müsse, weil Männer Frauen nun mal so behandelten.

… dass ich mich in gedeckte Farben kleiden solle.

Ganz ehrlich? Ich. Muss. Gar. Nichts.

Natürlich kann man jetzt sagen: einfach nicht drauf hören. Aber das ist nicht immer so einfach, gerade in jungen Jahren.

Memo an dich: dein Leben, dein Auftreten, dein Körper, ganz einfach.

Weil es mir meine Familie vorgelebt hat, fällt es mir leicht, Emanzipation anzusprechen und weiterzugeben. Es gibt mir die Kraft, ich selbst zu sein – eine Emanze.

Was du daraus mitnehmen kannst?

Suche dir deine Unterstützer*innen, egal, ob in der Familie, im Freund*innenkreis oder unter Kolleg*innen.

Du wirst nicht fündig?

Dann baue dir deine *Female Squad!* Über Netzwerktreffen, LinkedIn und Co.

> *»It takes years as a woman to unlearn what you have been taught to be sorry about.«*

Wie oft habe ich gehört, dass, wenn ich Karriere machen wollen würde, ich als Frau nicht fordernd sein, nicht weiblich auftreten dürfe.

Bis heute denke ich an diesen »Tipp«, der in Wahrheit keiner ist. Wer seinen Satz mit »Kleiner Tipp …« beginnt, lässt meistens nichts Gutes folgen.

Mit meinen Keynotes, Postings und diesem Buch möchte ich dir mit auf den Weg geben, dass nichts und niemand das Recht besitzt, dir abzusprechen, wie du sein willst.

Schau dir genau an, von wem vermeintliche Ratschläge kommen, was die Intention dahinter ist und wer dich warum möglicherweise kleinhalten will.

Ich habe das Gefühl, dass wir in einem Zeitalter angekommen sind, in dem Frauen ihre Emanzipation (wieder) stärker leben. Das Wort »Emanze«, das in den 1970er-Jahren aufkam, wird im Allgemeinen jedoch zu negativ bewertet.

Wenn es bei dem Begriff darum geht, dass ich Dinge an- und ausspreche. Dass ich aufstehe und weitergehe. Dass ich den Finger auf *pain points* lege, dann bin ich gern eine Emanze!

Ich liebe jede einzelne Emanze unter uns, denn sie trägt ihren Teil dazu bei, dass Frauenthemen in den Fokus rücken und wir Stück für Stück zu mehr Geschlechtergerechtigkeit gelangen. Wenn du und ich es nicht tun, wer dann? Wir müssen selbst ran!

Wie jede Bewegung verändert sich auch der Feminismus.

Auf der einen Seite die moderne *Female Empowerment*-Bewegung:

Junge Frauen, die mir auf Instagram schreiben, die Lippenstift auflegen und das als Befreiung sehen; die sich von niemandem sagen lassen wollen, was sie zu tun und zu lassen haben.

Auf der anderen Seite die erfahrene Generation. Die es selbst schon geschafft hat und spürt, dass es Zeit ist, Support zurückzugeben: Frauen, die niemals einen roten Blazer anziehen würden, aber mich dafür feiern, dass ich mich von Ressentiments befreie. Frauen, die Wingwomen für mich sind, weil sie meinen Namen erwähnen, mir helfen, wenn ich (Mit-)Investor*innen oder einen Kontakt suche.

Egal, zu welcher Generation Feministin du gehörst, Emanzipation ist kein Selbstgespräch. Es ist legitim, sich selbst zu pushen, denn alles fängt mit dir selbst an. Das reicht jedoch nicht, um Feministin zu sein – das wäre zu selbstreferenziell.

Wenn du eine Tür öffnest und durch sie hindurchgehst – dann schlage sie nicht zu, sondern lass sie auf für Frauen, die nach dir kommen!

Es braucht Vorkämpfer*innen wie dich und mich, damit andere nachziehen.

Wir brauchen ein Umfeld, in dem jede gern Feministin ist.

Wenn Emanzipation eine Kommode wäre, hätte sie unendlich viele Schubladen. Kalt, harsch, altbacken: die Attribute, die man für gewöhnlich mit Feministinnen verbindet? Ziemlich uncool!

Was vielleicht auch an Alice Schwarzer liegt, die von vielen immer noch als Vorreiterin der Bewegung gesehen wird. Keine Frage, sie hat damals viele Türen geöffnet, davor zolle ich ihr meinen Respekt. Dennoch finde ich, dass sie es an einem bestimmten Punkt nicht mehr geschafft hat, der Bewegung mit der Offenheit zu begegnen wie am Anfang.

Vergiss nie: Jede Bewegung muss mit der Zeit gehen – sonst geht die Bewegung am Ende selbst …

Ich finde den modernen Feminismus super-inspirierend und super-sexy. Ich kann mich für feministische Themen einsetzen *und* weiblich auftreten. Dass sich noch viel mehr Frauen trauen, genau diese Brücke zu schlagen, ist meine Idealvorstellung.

Sehr gut erinnere ich mich an ein Interview, in dem sich eine Top-Frau aus der Wirtschaft vorgestellt hat: »Ich bin Businessfrau, Mutter, Kunstliebhaberin und Feministin.« Ein großartiger Ansatz und ein Selbstverständnis, von dem du dir etwas mitnehmen kannst.

Ein anderer Gedanke: Wie cool wäre es bitte, wenn kleine Mädchen in ihr Freund*innen-Album schrieben: Was ich werden will? Feministin!

Lasst uns gemeinsam Everday-Feminismus leben:

- mit jedem Like und jedem Kommentar auf Social Media.
- indem wir Frauen unterstützen, denen man im Meeting ins Wort fällt.
- indem wir Frauen für Positionen, Panels und Wettbewerbe vorschlagen.

Und noch mehr: Warte nicht und reagiere erst, wenn etwas passiert. Lebe und handle proaktiv.

Viele nehmen die Rechte der Frau als gegeben an, aber: Wenn man sich nicht bewegt, dann bewegt sich auch nichts!

Es erfordert Mut, andere zu ermutigen und für Veränderung einzutreten. Der größte Akt des Feminismus ist, dass Frauen Seite an Seite gehen. Auch wenn du dich selbst nicht als Feministin bezeichnest oder nicht komplett hinter der Bewegung stehst: Du darfst an dieser Stelle selbst reflektieren, was du dafür tust, dass es Frauen leichter haben in unserer Gesellschaft.

Egal, was dein Part ist: Hab den Mut, eine Bewegung mitzutragen.

KAPITEL 15

Von der Freiheit, Frau zu sein

Vom Mut, anders zu sein

»Fanpost« – ich lieb's ja. Manchmal stelle ich mir vor, dass ich in den 1990er-Jahren Mitglied einer R'n'B-Girl-Band bin und die Briefe nicht on- sondern offline bekomme. Ein Tourbus, mit dem wir von Stadt zu Stadt ziehen. Ein Manager, der mir zum Zeitvertreib Wäschekörbe voll bunt verzierter Briefe bringt. Und ich, die ich sie lese und mich wundere, wie seltsam Menschen sein können.

Spoiler: Damit meine ich natürlich nicht dich. Ich sehe, wie du meine Posts likst, kommentierst, repostest.

Jedes. Einzelne. Mal.

Denn: Für mich arbeitet kein*e Social-Media-Manager*in. Obwohl ich super-happy mit meinem »Team Tijen« bin, lebe ich in Sachen Instagram und LinkedIn nach dem Motto: *all by myself.*

Dein Support *empowered* mich, meinen Weg weiterzugehen und nie müde zu werden, Missstände anzusprechen.

Bei all deinem positiven Feedback muss ich trotzdem oft meine innere Diva zügeln, damit sie nicht direkt eine Riesendiskussion eröffnet. Mit Leuten wie Peter aus der Personalabteilung und Daniel, der fürs Digitale zuständig ist. Dass es überhaupt Leute gibt, die meinen, mich kleinmachen zu dürfen. *Crazy,* was das Internet für ein »kreativer« Ort ist.

Sobald mich solche Kommentare erreichen, scrolle ich mich durch, schaue mir deren Profile an und denke mir: *Okay, du schreibst* so *etwas und zeigst dich gleichzeitig öffentlich als Angestellter von Firma xy?*

Keine weiteren Fragen. Oder, anders formuliert: *Talk to my hand, because my face ain't listening.*

Wobei: Eigentlich müsste ich meinen Hatern Dankeskarten schicken. Denn wäre ich auf der Suche nach einem Bestseller, wäre das Thema schon gesetzt, indem ich *»Bernds Bullshit-Bingo«* veröffentlichen würde. Leseproben gern vorab an dieser Stelle.

Extra-Tipp: Schreibe dir die Sprüche in dein Journal. Egal, wie schlecht dein Tag läuft – das ändert wirklich alles. Kleine Kostprobe gefällig?

»Mehr Schminke als Gehirnzellen ist das Motto.«

»Frauen versuchen gerade unsere von der Evolution erschaffenen Urinstinkte, Hirnfunktionen, Hormonfunktionen und das daraus resultierende Balz- und Sexualverhalten mit der Brechstange zu ändern. Ich finde mich in der Hunde-Erziehung wieder, was ungefähr auf das gleiche Prinzip hinausläuft.«

»Ich glaube, dass Sie mit immer neuen Kleidern die Top-Frauen in Industrie oder Politik diskreditieren«.

»Was simuliert Lippenstift? Rote Lippen sowie rote Wangen sind bei Frauen ein Zeichen von Erregung (Thema Durchblutung) und körperlicher Gesundheit. Also geht schon in die Richtung Flirten. Das gehört nicht ins professionelle Leben, sondern ist privat. Kann man nachlesen und hört man von klinischen Psychologen.«

»Was im Businesskontext auch nicht reinpasst, ist, sich das Gesicht bunt anzumalen. Außer bei bestimmten Berufsfeldern.«

»Wer sich so anzieht, will halt eher seinen Chef ins Bett für die nächste Gehaltserhöhung bekommen.«

Mit mir selbst Sex haben, mich hochzuschlafen, um mir dann ein höheres Gehalt zu bezahlen. Darauf muss man erst mal kommen, schlecht ist die Idee aber nicht. Irgendeinen Vorteil muss es ja haben, wenn man seine eigene Chefin ist.

Ich weiß, liebe Absender, es klingt verrückt. Aber das mit der Selbstbestimmung der Frauen und der Freiheit, alles tragen und machen zu wollen und zu können, geht nicht mehr weg.

Rückblende: Bilder hochzuladen, auf denen ich bauchfrei trage, hätte ich mich früher nie getraut. Wie oft hat mir Andrea Heinsohn, meine Lieblingsfotografin und Freundin aus Hamburg, gesagt: »Lass uns weiblichere Bilder im Business machen. Frau zu sein und Verhandlungen zu führen, das funktioniert.«

Für mich blieb es lange eine Entweder-oder-Frage, weil meine Referenzgröße Frauen aus der Wirtschaft waren. Aufsichtsrätinnen, Vorständinnen, andere Gründerinnen.

Daraus ergab sich in meinem Kopf nur eine Konsequenz: Entweder Business-Frau mit schwarzem Blazer, Prädikat: konservativ und kompetent.

Oder: Moderatorin, bunt, glitzernd. Fancy, hip, cool – aber eben keine Unternehmerin.

So wie die Hits von J.Lo in den Charts gesetzt sind, so hatte sich in meinem Kopf verfestigt, dass ich nur einen Weg gehen kann.

Business-Frau oder Moderatorin.

Unternehmerin oder Entertainerin.

Bis ich feststellte, dass mir schlicht der Mut fehlte, komplett zu mir zu stehen. Ich musste mich nicht entscheiden. Ich durfte ich sein, zu hundert Prozent. Gegen alle Konventionen und Normen.

Wer sein Innerstes versteckt, versteckt sich. Das gilt nicht nur fürs Aussehen.

Warum muss ich im Job härter auftreten als jeder Mann?

Warum darf ich mich nicht verletzlich zeigen?

Warum sind keine Emotionen zugelassen?

Bereits in der Politik führte es zu starken Irritationen, wenn ich nur ein biiiisschen weiblicher aufgetreten bin. In der Wirtschaft sind die Reaktionen noch krasser.

Ich erinnere mich an einen Pitch unserer Beratungsfirma *ACI Consulting*. Das Mandat – quasi fix. Bis ich in der letzten Runde einstieg. Per Video-Call. Mit einem pinkfarbenen Oberteil.

Man würde gern mit uns arbeiten, hieß es hinterher, aber wenn ich als Gründerin solch eine Außenwirkung mitbrächte …

Thank God bin ich nicht während des digitalen Termins aufgestanden, denn dann hätten die Beteiligten gesehen, dass mein Oberteil nicht nur pink, sondern auch noch leicht bauchfrei war.

Was dann passierte? Die Frauen in besagtem Unternehmen taten das einzig Richtige: Sie gingen im Kollektiv shoppen, kauften pinkfarbene Oberteile und trugen sie am nächsten Tag im Office. Den Pitch haben wir im Nachhinein doch noch gewonnen …

Weiblichkeit ist eine Form von Stärke, die Leute maximal triggert und irritiert.

Annalena Baerbock läuft in einer politischen Mission am Strand von Palau barfuß und in einem Kleid? Großer Aufschrei!

Angela Merkel trägt in Bayreuth ein Abendkleid und zeigt Dekolleté? Oh, wow, unsere damalige Bundeskanzlerin hat Brüste!

Sanna Marin lacht, tanzt und feiert mit ihren Freundinnen eine Party? OMG!

Wir wollen alle mehr Menschlichkeit, und dann wundern sich die Leute, wenn Frauen Hobbys und ein Privatleben haben? *Welcome to 2023!*

Wie oft war ich schon zu sexy, zu bunt, zu laut, zu ambitioniert. Ich finde: zu viel Bewertung. »Zu«, ein Wort, das Frauen begleitet und aus dem Lexikon gestrichen gehört. Ich bin nicht »too much«. Und du bist es auch nicht. Diejenigen, die das sagen, haben ihre eigenen Themen, die sie auf uns projizieren.

Wisst ihr was? Ich habe irgendwann gelernt, nur noch das zu machen, worauf ICH Lust habe. Wenn sich Menschen an mir abarbeiten wollen, wünsche ich ihnen ganz viel Spaß bei dieser neuen Lebensaufgabe. Das kann dauern (ich biete viel Inhalt!) und kommt mir gelegen *(Diamonds are made under pressure!)*.

Merke dir:

To the women who are labeled …
aggressive: Keep being assertive.
bossy: Keep on leading.
difficult: Keep telling the truth.
too much: Keep taking up space.
awkward: Keep asking hard questions.

Zu jedem Attribut, das hier aufgeführt wird, könnte ich mehr Serienstaffeln abdrehen, als die Kardashians es jemals tun werden.

Wie Frauen es machen, machen sie es falsch. Ist eine Frau laut, ist sie anstrengend – weil sie sichtbar ist. Ist sie leise, heißt es: »Sei mal lauter, sonst kommst du nicht voran.«

Als ich komplett in Schwarz herumgelaufen bin (ja, ich hatte diese Phase!), wurde mir gesagt: »Zieh dich bunt an.« Jetzt höre ich: »Ganz schön auffällig, deine Klamotten.«

Wenn ich auf Make-up verzichte: »Leg mal Farbe auf.« Trage ich Make-up: »Weniger Schminke würde dir guttun.«

Instagram bietet ein *»Best of Tijen«* und zeigt meine Transformation zu der Tijen, die ich heute bin.

Ich weiß, dass ich Frauen inspiriere, weil sie mir Nachrichten schreiben oder ich sehe, wie sie mich in den sozialen Medien taggen, während sie Lippenstift auflegen und bunte Blazer tragen. Aber das reicht mir noch nicht.

Ich möchte, dass alle Frauen begreifen:

Du kannst im Business-Kontext weiblich auftreten.

Lust auf einen Carmen-Ausschnitt bei einem Hosenanzug? *Go for it.*

Lust auf keinen? *Go for it, too.*

Deine hohen Schuhe sind keine Karrierebremse und keine Stolperfalle, sondern treue Begleiter auf deinem Weg nach oben. Und deine Sneaker sind nicht der Inbegriff von Verwahrlosung.

Wir als Gesellschaft müssen an unserer Weltanschauung und an den Stereotypen arbeiten – nicht die Frauen an ihrem Lifestyle. Niemand muss sich mehr zwischen Verpackung und Inhalt entscheiden.

Schubladendenken ist so 90er. Ich freue mich auf den Tag, an dem Frauen selbstverständlich leben dürfen. An dem sie sich nicht mehr rechtfertigen müssen, egal, ob es das goldene Kleid oder die berühmte Kinderfrage, aka K-Frage, ist.

Weiblich, Anfang 20, mit Köpfchen: Mir wurde in einigen Artikeln, aber auch in Gesprächen damals subtil vermittelt, dass ich aufgrund meines Geschlechts in der Politik Karriere machen würde. Es sei erstaunlich, dass ich kandidieren würde, hieß es mit süffisantem Unterton, als ich 2006 für den Landtag kandidierte. Wie ich das geschafft hätte – vielleicht doch, weil der Kreisvorsitzende mich toll fand …?

Oh, hello again … Da ist es wieder, das Entweder-Oder. Entweder sie sieht gut aus – oder sie ist schlau. Wenn bei einer Frau das Gesamtpaket stimmt, dann stimmt etwas mit ihr nicht.

Auf einem Panel wurde ich mal gefragt, was ich mit meinem Lippenstift und meinem Erscheinungsbild zum Ausdruck bringen wolle.

Äääh … mich! In mein Auftreten und in meine Looks wird viel mehr hineininterpretiert, als tatsächlich dahintersteckt. Ich möchte weder alte weiße Männer ärgern noch Feminist*innen der alten Schule, die meinen, sie müssten harsch rüberkommen, um sich in den Dienst der Sache zu stellen.

Klar, wenn es die Superpower geben würde, mit Kleidern andere Leute zu diskreditieren, dann würde ich es mir patentieren lassen oder wahlweise sogar einen VHS-Kurs dazu anbieten!

Die Freiheit, als Frau im Businessumfeld zu leben, wie ich es für richtig halte, ist die größte Lebensaufgabe, der ich mich immer und immer wieder stelle.

Ich habe Spaß an meinem Leben und liebe meine Mutmach-Momente.

Mut zu meiner Weiblichkeit, weil ich das Frausein liebe.

Mut zu meiner Mode und meinen Looks, die mir Power für den Tag verleihen.

Mut zum Tanzen, weil ich dadurch ein völlig anderes, bewussteres Körpergefühl bekomme.

Mut, Reels zu drehen und zu teilen, weil sie mich amüsieren.

Natürlich weiß ich, dass jede meiner Handlungen eine gewisse Wirkung erzielt. Sie ein Stilmittel sind. Aber ich mache das nicht, weil ich jemanden ärgern oder jedes Mal eine Gegenreaktion erzeugen möchte. Sondern ich mache das, weil – Achtung! – es mir gefällt.

Meine persönliche Reise lässt sich prima an meinen Investments nachvollziehen. Erst Babynahrung. Dann eine Software für inklusive Sprache und eine Weiterbildungssoftware … Alles *easy going* und ohne viel Aufsehen.

Das erste Invest, das mich super-viel Überwindung gekostet hat, war *Nevernot*. Ein Unternehmen, das Softtampons und Gleitgel produziert? Puh. Allein das Wort »Gleitgel«! Bis mir das in einem öffentlichen Raum das erste Mal über die Lippen gekommen ist …

An sich bin ich liberal aufgewachsen, aber Sexualität spielte bei uns zu Hause nie eine Rolle. Ganz im Gegenteil: Sobald im TV ein Filmkuss über den Bildschirm flimmerte, hustete mein Vater sichtlich verlegen, schaltete den Fernseher »aus Versehen« aus oder verließ den Raum, um die Situation zu überspielen.

Über Menstruation zu reden war ein echtes No-Go. Mein Vater sagte: »Wenn du deine Geschichte hast, dann musst du dich auch drum kümmern.« Ich dachte: »Was meint er mit ›meiner Geschichte‹?«

Meine Mutter nannte die Periode »Erdbeerwoche«.

Nach *Nevernot* folgte mein Invest in CHEEX, eine Pornoplattform mit *female friendly* Filmen. Klar, dass das Aufsehen erregte und es Personen gab, die mich gleich abstempeln wollten.

Erstes Beispiel: ein Wirtschaftsjournalist, der einen Tag vor der Investment-News meinte, dass mein Image als Unternehmerin mit CHEEX leiden würde.

Zweites Beispiel: einer meiner »Fans«, der mich auf Social Media eine »digitale Zuhälterin« nannte. Ein neues Geschäftsmodell!

Rein aus wirtschaftlicher Sicht betrachtet, muss ich sagen, dass ich eine exquisite Unternehmerin bin. Die Zahlen von CHEEX zeigen, dass sich mein Investment jetzt schon gelohnt hat. Würde ich eine Umfrage machen, würden 80 Prozent der Befragten angeben, sie schauten keine Pornos; erstaunlicherweise wächst die Industrie immer weiter …

Und ich bin es auch satt, mir Sex und Sexualität aus Männersicht erzählen oder zeigen zu lassen. CHEEX setzt sich für fairen Porno ein und zeigt Diversität auf der Plattform. Ein besseres Investment kann es für mich nicht geben.

Das Beste an CHEEX? Es hat nicht nur mein Portfolio wachsen lassen, sondern auch mich als Person. Kritische Worte schlugen mir nur von männlicher Seite entgegen. Im Gegenzug schrieben mir so viele Frauen und bedankten sich. Dass ich das Frausein thematisiere. Weiblichkeit. Sexualität.

Der Mut, zur Feminität zu stehen, ist gerade im Business wichtig. Dass wir alle anders sind, macht Diversität am Ende des Tages doch aus.

Never dim your light! Schon gar nicht, um es anderen recht zu machen.

Meine Invests sind keine Charity-Projekte, und ich bin nicht die Mutter Teresa der Start-up-Szene, die ihre Kohle im Gießkannenprinzip verteilt. Ich will Geld verdienen.

Wenn ich zusätzlich ein Thema enttabuisiere, umso besser! Es kann doch nicht sein, dass sich Freund*innen und Kolleg*innen mit Tampons aushelfen, die sie unter dem Tisch heimlich von der einen Hand in die andere Hand wandern lassen, als würden sie mit allem anderen dealen, nur nicht mit der normalsten Sache der Welt – Periodenprodukten.

Deutschland besitzt tatsächlich ein recht tradiertes Rollenbild in Bezug auf Frauen. Als Frau wird man erst dann vollkommen akzeptiert, wenn man eine Mutter ist. Unterschiedliche Lebensformen? Das liegt für viele außerhalb der Vorstellungskraft.

Dabei gibt es Frauen, die …

… keine Kinder bekommen können,
… keine Kinder bekommen wollen,
… auch ohne Kinder ein sehr glückliches Leben führen.

Aber wir wissen ja auch schon: Wie wir Frauen es nun mal machen, ist es eben falsch. Hat sie Kinder: doof. Hat sie keine: noch doofer.

Spannender Aspekt: Von meinen Gründerinnen höre ich oft, dass sich das selbst in der vermeintlich hippen, modernen Start-up-Welt fortsetzt. Wenn Frauen vor männlichen Investoren pitchen, wird schon mal die Frage gestellt, was passiert, wenn sie schwanger werden. An einen männlichen Gründer würde man nie herantragen, wie er Kinder und Karriere unter einen Hut bekommen möchte.

Ich beobachte und erlebe es selbst, dass Karriere gegen Kinder »ausgespielt« wird. Als müsste und würde sich jede*r immer sehr bewusst für das eine oder das andere Lebensmodell entscheiden.

Lebensmodelle sind – zum Glück – diverser geworden. Es gibt keine Perfektion. Bei niemandem. Von Frauen wird das trotzdem erwartet: perfektes Leben, perfekte Karriere, perfekte Familie, perfektes Aussehen. Und zusammen geht das sowieso nicht.

Doch das Unperfekte nennt sich Leben. Also, an dich da draußen, wenn dir auch ständig die K-Frage gestellt wird: *Keep going!*

Und auch an dich, wenn du Mama bist: Lass dich nicht aufhalten! Deine Zeit kommt garantiert. Und dann gehören solche Bilder hoffentlich der Vergangenheit an:

Der Mann bekommt den Job, damit er sich um seine Familie kümmern kann.

Die Frau bekommt den Job nicht, weil sie sich um ihre Familie kümmern muss.

Die Gretchenfrage ist, »Vereinbarkeit von Familie und Beruf – wie geht beides zusammen?« Wenn ich diese Frage als Moderatorin auf einem Panel überhaupt stellen würde, dann beiden Geschlechtern, weil Familie erstens alle angeht und zweitens damit nicht nur Kinder gemeint sind, sondern es beispielsweise auch um die Pflege von Angehörigen gehen muss.

In dem ganzen Diskurs um die Teilhabe der Frauen an der Wirtschaft konzentrieren wir uns zu sehr auf die Frage der

Vereinbarkeit. Mit meiner Diversity-Beratung *ACI Consulting* bekommen wir diesbezüglich spannende Einblicke, und es ist eben nicht nur der Punkt »Familie und Beruf«. Genauso schwer wiegt, dass in den obersten Führungsetagen ein solch toxischer Umgang miteinander herrscht, dass Frauen schlicht nicht Teil davon sein wollen. Deswegen mag ich diese Debatte ungern rein auf Kinder herunterbrechen, es geht vielmehr um gesellschaftskulturelle Themen.

Ich geb's zu: Wenn ich mich an früher erinnere, wollte ich diese Themen meiden.

Wie genau sieht weiblicher Führungsstil aus?

Warum gibt es so wenige weibliche Gründerinnen?

Wie ist es als Frau im Job – allein unter Männern?

Alles Fragen, die immer und immer wieder aufkamen, als würde man ein Tonband auf Endlosschleife laufen lassen.

Inzwischen hat sich mein Bewusstsein geändert. Ja, ich möchte auch zu dem Punkt kommen, dass das alles kein Thema mehr ist. Aber ich weiß eben, dass es noch nicht so weit ist. Ehrensache also, dass ich auf die immer gleichen Fragen antworte und die Themen sogar bewusst von mir aus anspreche.

Damit möchte ich auch *Unconscious Bias,* unbewusste Vorurteile, aufbrechen. Grenzen und Vorurteile, die tief in den Köpfen festsitzen – in Bezug auf Geschlechterrollen, Generationen, Herkunft und noch vieles mehr. Die Liste in puncto Geschlechterrollen ist lang: Frauen sind zickig, unentspannt, uncool, sobald sie bestimmt und erfolgreich auftreten. Frauen stechen ihre Konkurrent*innen aus, wenn sie in eine Position oder in ein Amt kommen wollen. Zum Vergleich: Bei Männern gehört es dazu, sich im Job durchzusetzen. Frauen sind machtgeil. Männer besitzen – wie weltmännisch – Einfluss.

Es ist einfach traurig, dass Frauen immer wieder bewertet werden. Auch in Führungsrollen. Dadurch, dass es viel weniger Frauen in Führungspositionen gibt, werden sie ganz anders beleuchtet als Männer. Frauen sind viel mehr im Blickpunkt als ihre männlichen Gegenstücke: Bringt sie die nötige Qualifikation mit? Oder ist sie nur da, *weil* sie eine Frau ist? Ist sie taff genug? Kann sie dem Druck standhalten? Wird das wohl gutgehen?

Wenn eine Frau nach einem halben Jahr wieder raus ist aus dem Job, ist das auch die größere Meldung wert als bei einem Mann. Scheitert eine Frau im Job, liegt es nämlich an ihrem Geschlecht. Scheitert ein Mann, liegt es ausschließlich an der (fehlenden) Kompetenz.

Beim Rücktritt unserer Verteidigungsministerin Christine Lambrecht wurde genau so argumentiert. Keine Frage: Das war alles keine gute Performance. Und ich frage mich: Wo sind da die kommunikativen Berater*innen? Oder ist man so beratungsresistent?

So oder so: Was im Zuge von Christine Lambrechts Rücktritt passierte, war leider typisch. Direkt wurde laut gerufen: »Das bringt nun mal die Frauenquote: unqualifizierte Frauen im Job!«

Fährt eine Frau keine Erfolge im Job ein, heißt es, sie sei nicht ambitioniert genug. Es geht dann auch sofort darum, dass sie als *Frau* in der Rolle gescheitert ist. Wie im Falle Lambrechts – nicht etwa als Politikerin mit fehlender Expertise, sondern weil sie eine Frau ist.

Hat ein Mann keinen Erfolg, wird das auf sein Kompetenzlevel zurückgeführt. Er war nicht gut genug, aber nicht, weil er ein Mann ist, sondern weil seine fachliche Kompetenz eben nicht ausreichend war.

Wir müssen aufhören, uns an diesen Doppelstandards zu orientieren.

Frauen werden in den nächsten Jahren in machtvollen Positionen – öffentlich – noch oft scheitern. Das wird ganz einfach daran liegen, dass es immer mehr Frauen in eben solchen Positionen geben wird. Endlich!

Eine Freundin von mir erzählte mir einmal, dass sie über lange Zeit die Spielchen mitgespielt habe, um auf der obersten Führungsebene eines Unternehmens ernst genommen zu werden. Zum Beispiel, sobald man ins Meeting kommt, das neueste iPhone als Statussymbol auf den Tisch zu legen. Eine x-beliebige Jacke an den Stuhl zu hängen, um den Eindruck zu erwecken, man sei nur kurz weggegangen. Den Laptop am Abend angeschaltet zu lassen, ohne aber daran zu sitzen, damit es so aussieht, als würde man jederzeit arbeiten.

Das ist doch irre. Natürlich wissen Frauen ganz genau, wie diese Spielchen gehen. Aber es kann doch nicht sein, dass diese Kindergartenvibes nötig sind, um Karriere zu machen. Das kann auf Dauer nicht gutgehen. Sich eine Hülle überzuziehen, sobald man die eigene Wohnung verlässt, macht unglücklich. Du kannst nicht ständig jemand anderes sein.

Was sollen wir Frauen noch alles tun? Wir müssen nicht *noch* anders sein, nicht noch stärker, besser, *bolder.*

Don't fix the women, fix the system!

Die Frage ist: Wie können die Strukturen aussehen, damit Frauen sich generell wohlfühlen und Vielfalt in unserem Land gelebt werden kann?

Dafür braucht die Gesellschaft auch dich. Dich und deine bewusste Entscheidung, jeden Tag den Mut zu haben, zu dir zu stehen. Nur so schaffen wir gemeinsam eine Veränderung.

Jetzt fragst du dich sicher am Ende meines Buches, was du persönlich konkret tun kannst, um deinem Stil treu zu bleiben, Karriere zu machen und in den entscheidenden Momenten immer eine Portion Mut zu besitzen. Denn das kannst du!

Dafür präsentiere ich dir zum Schluss meinen Drei-Punkte-Plan:

1. Lass dir nicht einreden, dass du zu viel möchtest oder nicht genug bist, rede es dir aber auch nicht selbst ein.
2. Mache dir immer wieder bewusst, was für dich zu einem erfüllten Leben in allen Belangen gehört. Je mehr du davon abweichst, um anderen zu gefallen und um bei jemandem gut anzukommen, desto unwohler wirst du dich fühlen.
3. Sei die, die du wirklich sein möchtest. Ich verstehe es, wenn du dich nicht immer traust, aber überlege dir einfach mal, wie viel Lebenszeit du damit verschwendest, anderen und dir selbst etwas vorzumachen. Es gibt keinen Grund, dich zu verstecken. Sei mutig!

Ich wünsche mir für alle Frauen die Freiheit, die sein zu können, die sie sein wollen. Weg von »Bin ich *too much?*«, hin zu: »Ich bin genau richtig!«

Wenn jemand zu dir sagt: *»I think you're a bit much!«*, dann antworte in Zukunft: *»Then go and find less.«*

*Be your own f*cking hero!*

Deine Tijen

Unsere Leseempfehlung

256 Seiten
Auch als E-Book erhältlich

Wie wir uns präsentieren und wie wir wahrgenommen werden, ist Teil unserer Persönlichkeit. Das Bild, das wir abgeben, und die Rolle, die wir spielen, sind elementar für unseren Erfolg im beruflichen wie im privaten Kontext. Tijen Onaran, bekannte Unternehmerin und Netzwerkerin, erklärt in diesem Buch eindrucksvoll, wie man eine persönliche Marke aufbaut und seine eigene Agenda findet. Dabei berichtet sie von ihren eigenen Erfahrungen in der Politik und der Digitalbranche, von Rückschlägen, Lerneffekten und ihrer ganz persönlichen Markenbildung. Das Must-read in Sachen Personal Branding.

goldmann-verlag.de

GOLDMANN